区域经济高质量发展和产业研究

袁 峰 袁 哲◎著

吉林出版集团股份有限公司

图书在版编目（CIP）数据

区域经济高质量发展和产业研究 / 袁峰，袁哲著. 长春：吉林出版集团股份有限公司，2024.4.--ISBN 978-7-5731-4856-8

Ⅰ.F269.27

中国国家版本馆CIP数据核字第2024GP6718号

区域经济高质量发展和产业研究

QUYU JINGJI GAOZHILIANG FAZHAN HE CHANYE YANJIU

著　　者　袁　峰　袁　哲

责任编辑　张继玲

封面设计　牧野春晖

开　　本　710mm×1000mm1/16

字　　数　200 千

印　　张　10.5

版　　次　2025 年 1 月第 1 版

印　　次　2025 年 1 月第 1 次印刷

出版发行　吉林出版集团股份有限公司

电　　话　总编办：010-63109269

　　　　　发行部：010-63109269

印　　刷　三河市悦鑫印务有限公司

ISBN　978-7-5731-4856-8　　定价：78.00 元

前 言

PREFACE

区域协调发展是实现共同富裕的必然要求，推动区域协调发展是实现高质量发展的必由之路，是中国实现社会主义现代化的关键支撑，能从根本上破解区域发展不平衡不充分的问题。产业结构优化升级是我国经济快速发展、提升核心竞争力的有力举措。面对国有企业改革、工业技术创新等在发展中遇到的新问题、新挑战，要积极寻求解决措施，这对实现区域经济的高质量发展和建设现代化的产业具有重要意义。

本书共分为五章，具体章节安排如下：

本书第一章概述了区域经济的内涵及发展理论。第二章研究了区域经济的结构导向，围绕区域产业结构变化、区域主导产业选择、区域产业布局区位以及区域高新产业布局展开论述。第三章研究了区域经济的动力系统，分析了区域经济的发展动力、区域经济系统的特征、区域经济系统的构建以及区域经济系统的发展。第四章研究了区域绿色经济产业的体系创新，对绿色经济下的产业发展和绿色经济下的创业模式展开研究。第五章研究了区域经济产业发展模式的适用评价，对区域经济发展模式绩效评价、效率评价、评价原则以及评价指标展开分析。

本书旨在通过相关研究推动区域经济产业的高质量发展。由于作者专业水平仍有待提升，书中难免存在缺点与不足，敬请学界前辈指正。

袁 峰 袁 哲

2023 年 11 月

目录

CONTENTS

第一章　区域经济概述……001
第一节　区域经济的内涵……001
第二节　区域经济的发展理论……011

第二章　区域经济的结构导向……048
第一节　区域产业结构变化……048
第二节　区域主导产业选择……056
第三节　区域产业布局区位……062
第四节　区域高新产业布局……067

第三章　区域经济的动力系统……076
第一节　区域经济的发展动力……076
第二节　区域经济系统的特征……081
第三节　区域经济系统的构建……087
第四节　区域经济系统的发展……094

第四章　区域绿色经济产业的体系创新……107
第一节　绿色经济下的产业发展……107

第二节　绿色经济下的创业模式……113

第五章　区域经济产业发展模式的适用评价……129

第一节　区域经济发展模式绩效评价……129

第二节　区域经济发展模式效率评价……138

第三节　区域经济产业发展的评价原则……143

第四节　区域经济产业发展的评价指标……151

参考文献……160

第一章　区域经济概述

第一节　区域经济的内涵

一、区域的概念及内涵

（一）区域概念界定

不同的学科对区域的含义有着不同的回答。地理学把区域定义为地球表壳的地域单元，是按地球表面自然地理特征划分的，并且具有可重叠性和不遗漏性；政治学将区域看作是国家管理的行政单元，并且具有可量性和层次性；社会学视区域为具有相同语言、相同信仰和民族特征的人类社会聚落，按语言、信仰、民族等特征来划分。经济学中关于区域的概念没有统一的定义，具有代表性的说法有如下几种：

第一，区域是基于描述、分析、管理、计划或制定政策等目的作为应用性整体加以考虑的一片地区。它可以按照内部的同质性或功能一体化原则划分，如我国各省的行政区划。

第二，经济区域是指一国范围内在经济上具有同质性或内聚性，具有一定的共同利益，经济结构较为完整，在全国专业化分工中承担一定职能的地域空间，如我国的长三角地区、珠三角地区等。

第三，经济学的区域概念就是区域经济学的区域概念，在地理学和政治学关于区域概念的基础上，还要考虑某个地域空间的人口、经济、资源、环境、公共设施和行政管理等特点，是居民高度认同、地域完整、功能明确、内聚力强大的经济地域单元，如我国的经济开发区等。

第四，经济区域是按人类经济活动的空间分布规律划分的一种区域类型，是指人类经济活动与具体时空条件紧密结合而形成的具有特定结构、功能和类型的相对完整的地理空间。在同一经济区域内，自然条件、资源和社会经济条件大致类似，经济发展水平和所处阶段大致相同，经济发展方向基本一致，表现为经济意义上的连续性和同类性，如欧盟、东盟等地区性国际组织。

（二）区域概念的基本内涵

区域是一个特定的地域空间概念，具有特定的地理空间范围，可以泛指大到整个地球或几个国家形成的地域，小至一个特定的地域范围，比如一个县、乡、村或者一个工业区、开发区等。一些学科从不同的角度对区域特点进行了一些不同的描述，如地理学认为，区域是地球表面的地域单元，社会学认为，区域是具有共同语言、共同信仰和民族特征的人类社会聚落，行政学认为，区域是国家管理的行政单元等。按照人大教授张敦富等学者的看法，区域具有地域性、内在整体性、区域界限的客观性与模糊性、综合性和开放性等特征。

第一，区域是一个空间的概念，同时也是有限的空间范围。人类的所有经济活动，不管它的发展处于何种阶段，不管是物质生产还是非物质的信息生产，最终都要落实在一定的区域空间，不同的只是坐落的方式和坐落的地点。从空间角度研究经济现象，正是区域经济学区别于其他经济学学科的根本所在。

第二，区域一般含于某一主权国家的疆域内（有时可能相等），中央政府对它拥有政治、经济方面的控制权，各级政府为该地区经济发展提供公共产品，通过各种经济政策来引导该区域的经济活动。正因为这样，区域间会存在政策上的差异性，而在区域内又具有政策上的一致性。

第三，区域在经济上可能是一个完整的地区。这种完整，是指区域能够独立生存和发展，具有完整的经济结构，能够独立地组织与其他区域的经济联系。为此，区域不但要有由第一产业、第二产业和第三产业组成的经济循环系统，还应当有一个能够组织和协调区域经济活动的中心城市，作为区域经济的核心。

第四，任一区域在全国或更高级的区域系统中担当某种专业化分工的职能。不同地区资源禀赋不同，发展水平也有差异。这种区内的同质性与区间的差异性，表现为一种区际之间的分工与专业化。这样，不同区域间以分工与专业化为基础结成密切经济联系，就构成了一国的国民经济体系。

（三）区域经济的基本内涵

区域经济是指在一定区域范围内展开的各种经济活动的总和，区域经济强调的是产业结构的合理性和空间布局的优化。一些学者认为，区域经济是特定区域的经济体系，是由各种地域构成要素和经济发展要素有机结合、多种经济活动相互作用所形成的、具有特定结构与功能的经济系统。由于区域经济具有自然条件的差异性、经济活动的不完全可分性和空间距离的不可灭性，因此形成了区域经济存在和发展的客观基础。

经济区域与行政区域是具有不同内涵的两个区域概念，两者既有同一性，又有矛盾性，但都能对区域的发展产生重大影响。行政区域是一个国家为进行分级管理而划分的区域，许多行政区域是在长期的历史过程中形成和延续下来的，具有特定的行政管辖范围、行政区域级别和行政区域中心等，是一个与政府管理级别相对应的政治、经济、社会综合体。

经济区域作为区域经济的地域空间载体，需要具备三大构成要素：经济中心、经济腹地、经济网络。经济中心主要是区域性中心城市，它具有层次性、选择性和等级性特征，而并非地理几何中心。经济腹地是经济区域赖以存在的基础，是区域经济地域运动格局的“底盘”，它负载着具有内在联系的经济运动，且这些运动具有指向共同经济中心的一定的地域范围的特点。经济网络是经济区域中维系经济中心和经济腹地的有形或无形的联系渠道。经济中心正是通过经济网络向经济腹地辐射能量，同时经济腹地向经济中心集聚能量。这种辐射、集聚效应的发挥推动了区域经济的不断发展。

二、区域经济的构成要素和特征

（一）区域经济的构成要素

经济区域与其他区域的一个重要区别，是它具有自身特定的三大构成要素：经济中心、经济腹地和经济网络。无论是什么类型的经济区域，这三大要素都是缺一不可的。

1．经济中心

经济中心是经济区域三大构成要素的核心，经济中心的形成，是区域由一般的自然区或行政区发展成为经济区域的重要标志。城市作为区域的经济中心，是市场经济条件下区域经济空间聚集运动的结果。区域的经济中心是多层次的，在不同的地域范围内，城市的聚集力不同，城市的经济吸引或辐射力也就不同，从而形成多等级、多层次的经济中心。区域经济中心不一定是区域的地理几何中心，但一定是区域经济活动的中心。

2．经济腹地

经济腹地是经济区域三大构成要素的基础。经济腹地是经济中心影响和辐射所及的地域范围，没有经济腹地，就不会有经济中心，也就没有区域经济的存在。

3．经济网络

经济网络是一种非常宽泛的概念，它不仅表示经济发展的地域联系，而且还表示这种联系的各种依托。经济网络可以表现为经济联系的渠道，这种渠道的物质构成是交通运输网络和邮电通信网络等。经济网络还可以表现为经济联系的系统，这种系统的基本构成是经济中心与经济腹地之间有序的经济交往和信息交往。经济网络还可以表示经济联系的组织，这种组织的基本构成是经济中心和经济腹地之间所形成的具有内在联系的产业结构，以及与此相关的市场的贯通和技术的推移等。

（二）区域经济的特征

区域经济是特定区域的经济活动和经济关系的总和。如果我们把全国的国民经济看作是一个整体，那么区域经济就是这个整体的一部分，是国民经济整体不断分解为它的局部的结果。通常我们把国家宏观经济管理职能下按照地域范围划分的经济实体及其运行，都看作是区域经济的运行。区域经济具有五大鲜明的特征。

1．中观性

区域经济是一种能承上启下并具有区域自身特点的中间性、非均衡性经济，是一种介于宏观经济（国民经济）和微观经济（企业经济）之间的中观性经济。

2．区域性

一个国家国民经济的发展，不论是农业、工业的发展还是服务业的发展，都要落实到一定的区域，并受该区域的自然条件、社会经济条件的影响。各区域的不同特点和区域客观情况使区域经济呈现出强烈的区域性特点。区域性是区域经济最基本、最显著的特征。

3．差异性

不同区域所具有的经济发展要素条件（如地理位置、自然资源与自然条件、社会经济条件等）总是各不相同，这种差异性实质上反映了各区域经济的优势和劣势，也是影响各区域经济间发展不平衡的一个重要因素。

4．开放性

一方面，与国家经济相比，区域经济一般在社会制度、经济体制、经济运行规则和货币制度等方面是一致的，没有国家之间常有的关税、进口配额、移民限制等障碍，因而具有更大的开放性。另一方面，区域经济是一种充分承认并利用不同区域所具有的各种经济要素及其程度上的差异，注重区域间经济交往的开放型经济。区域经济还具有不断强化自身输出、输入功能和扩张功能的作用，推动生产要素向更高层次发展，进而促进不同区域经济相互补充、协调发展。

5．独立性

区域经济是一个相对独立而内部又有着密切联系的有机系统，区域经济活动具有一定的自组织特点。尽管任何区域的经济发展战略都必须受制于整体国民经济的发展战略，并为国民经济发展战略服务，但也必须注重能动地发挥本区域优势，扬长避短，也必须为谋求本区域社会经济发展和居民福利服务。

三、区域经济发展的一般过程和发展阶段

（一）区域经济发展的一般过程

纵观世界各国的区域经济，其发展既不是毫无波澜的平衡增长过程，也不是一边倒的绝对非均衡增长过程。一般来讲，任何区域的经济发展都经历了一个“不平衡—平衡—新的不平衡—新的平衡”的循环往复的过程。

1．增长极出现和发达地区与落后地区分化阶段

增长点和增长极一般分布在大中城市、交通通信沿线、资源聚集点或政治文化中心等地，这一般也是一国或某区域的经济、政治、文化等活动中心，生产力发达，对周围地区有着强烈的极化效应和扩散效应。在增长点（极）涌现的过程中，次发达地区，特别是落后地区也就相应地出现了。不平衡的区域经济发展使发达地区和落后地区形成反差和分化。

2．开发大城市或发达地区阶段

区域经济发展可能首先是对大城市或发达地区自身经济潜力的挖掘与开发，将其建设成为具有雄厚经济实力和强烈凝聚力的增长极，并对周边地区的经济发展产生辐射作用。但当它发展到一定程度时，就容易产生人口问题、产业聚集，以及交通拥堵、环境污染、生活质量下降等一系列问题，需要通过优化城市功能布局和产业结构、加速发展新兴产业和促进产业结构升级来强化扩散效应的影响。

3．开发落后地区阶段

当发达地区和落后地区的差别越来越大，二元经济结构也越来越明显时，区域经济发展的主要矛盾开始由发展不够的矛盾转化为结构失衡的矛盾。此时，一方面，要保证发达地区的持续高速发展。另一方面，要加快对落后地区的开发，逐步缩小区域发展差异。由此，完成了一个“由不平衡到相对平衡”的循环。在循环发展的过程中，新的经济增长点或增长极又开始涌现，继而又会出现新的不平衡，从而开始新一轮的“由不平衡到平衡”的循环，周而复始，就形成了区域经济发展的一般过程。

（二）区域经济的基本阶段

区域经济的发展需要经历一个较长的历史过程，我们通过对不同区域的经济发展进程的观察和研究发现，区域经济的发展阶段与该区域的工业化、城市化发展阶段有着密切的联系，可以说区域经济的发展阶段与工业化、城市化的发展阶段在一定程度上基本一致，分为初级阶段、成长阶段和优化提升阶段。

一般来说，当该区域的经济处于自然经济状态或工业化发展的初级阶段时，由于区域内的经济发展水平低，区域经济中心及经济网络尚未形成，基础设施比较落后，产业发展和人口聚集能力有限，不具备打破行政区划来发展区域经济的能力。因此，这一阶段是区域经济发展的初级阶段，主要是以行政区的经济发展为主，特别是在中国的西部地区表现比较明显，如贵州的黔东南、铜仁地区和湖南的湘西地区等。

当该区域进入工业化中期或经济发展的起飞阶段时，区域产业和人口聚集显著加快，城市人口大幅度增加，以区域经济中心为核心及若干区域经济次中心为支撑的区域经济网络基本形成，并对周边区域产生较强的辐射带动作用，区域经济中心的扩展引起经济腹地的不断扩大。应该说，此时该区域已进入具有打破行政区划、加快区域经济发展的成长阶段，这些地区主要为经济较发达的地区，如成渝经济区、长（长沙）株（株洲）潭（湘潭）城市群以及贵州的贵阳城市经济圈等地区。

当该区域进入工业化中后期阶段时，由于区域经济发达，产业和人口聚集程度较高，若干经济中心的不断扩展导致区域性的竞争增强，调整区域经济结构、推进资源整合、优化空间布局、协调区域分工、提高区域发展水平成为发展区域经济的重要手段。可以说这一阶段是区域经济发展的优化提升阶段，主要是通过统筹协调和推进区域经济的一体化发展来提升区域经济的竞争力，如我国的珠江三角洲、长江三角洲、京津冀等东部经济发达地区。

四、中国区域经济的发展趋势及特征

（一）中国区域经济发展的基本趋势

中国经济高速发展以来，中国的区域经济格局发生了重大变化。20 世纪 80—90 年代，中国急切需要在改革开放中加快经济发展，增强综合经济实力和提高国际地位，于是实施了区域经济梯度发展战略，加大了对东部地区经济发展的扶持，使中国东部地区经济快速发展，成为带动中国经济增长的引擎和增长极，同时也拉大了中国东、中、西部地区在区域经济发展上的差距。2000 年，全国进入工业化中期和基本实现总体达到小康生活水平的阶段，而西部地区还基本处于工业化初期和由基本解决温饱向总体小康迈进的阶段。西部地区人均 GDP 和人均收入水平仅为东部地区的一半左右，西部地区的城镇化水平平均低于东部地区 10 个百分点以上。

进入 21 世纪，随着中国工业化和城市化的快速推进，全国的区域经济发展正在发生新的变化，人口和经济活动向城市群和大都市圈加速集聚，涌现出一批以城市群和产业经济带为重点的区域经济增长极，东部沿海地区仍然是拉动全国经济发展的龙头。其中，长江三角洲、珠江三角洲和京津冀等三大经济区域的生产总值占全国生产总值的比重达到 40%，特别是长江三角洲和珠江三角洲地区，是全国经济发展最具活力、区域辐射带动能力最强的两个区域。与此同时，随着区域经济的发展和对外开放步伐的加快，胶东半岛城市圈、沈（沈阳）大（大连）城市圈、陇海—兰新经济带、京津—呼包银经济带、成渝经济区、北部湾经济区和中国—东盟自由贸易区等经济区域或经济板块已经或正在加快形成。

近年来，区域协调发展规划密集落地，我国已形成以西部、东北、中部、东部四大板块为基础，以京津冀协同发展、粤港澳大湾区、长三角区域一体化、长江经济带等重大区域战略为引领的区域发展模式。随着各大区域战略的不断推进，我国经济发展的空间结构正发生深刻变化，高质量区域经济布局逐渐明晰。多个区域增长活力正逐步释放，成为我国经济稳定发展的重要支撑。

我国区域经济的发展呈现以下特点或趋势：一是中国进入了城市化快速发展阶段，城市在经济发展中的作用日益突出，大城市圈将成为主导区域经济发展的重要力量。二是地区竞争日益表现为地区城市间的竞争，地区差距在相当长的时期内将会继续存在。三是跨区域经济交流与合作将进一步加强，在经济全球化和区域经济一体化不断发展的背景下，我国国内的区域合作正在以不同的规模和形式展开。

回顾 2019 年，随着多个规划相继落地，我国跨区域经济区体系建设路径明显清晰。

具体来看，各大区域战略承载不同的职责。京津冀协同发展以疏解北京非首都功能、高标准建设雄安新区为抓手。通过北京、天津、河北三地协同发展，探索出了经济人口密集地区优化发展的新模式，打破行政壁垒，实现跨行政区的要素有序流动，解决了过去长期想解决而没有解决的问题。

长三角区域一体化，将进一步提高长三角的经济集聚度、区域连接性和政策协同效率，对引领全国高质量发展、建设现代化经济体系意义重大。

粤港澳大湾区发展规划则全面推进内地同港澳的互利合作，推动经济高质量发展，建设可持续发展的超级都市圈，打造湾区经济，建立对外贸易平台。

西部陆海新通道总体规划作为深化陆海双向开放、推进西部大开发形成新格局的重要举措，将进一步推动西部地区高质量发展，加快通道和物流设施建设，提升运输能力和物流发展质量效率，深化国际经济贸易合作，促进交通、物流、商贸、产业的深度融合。

长江经济带推动沿江 11 个省市联动发展，通过长江黄金水道串联起长三角地区、长江中游地区、成渝经济区，有效发挥了各地区的比较优势。

（二）中国促进区域经济发展的战略及政策

中国区域经济发展不平衡以及差距继续拉大的趋势，导致不同区域间的居民生活水平和政府的基本公共服务存在差距。调整区域经济发展战略及政策，引导区域经济健康协调发展，正在成为中国当前区域经济发展的重大问题。

西部地区要加快改革开放的步伐，通过国家支持、自身努力和区域合作，增强自我发展的能力。东北地区要加快产业结构调整和国有企业改革、改组、改造，在改革开放中实现振兴。中部地区要依托现有的基础，提升产业层次，推进工业化和城镇化，在发挥承东启西和产业发展优势中崛起。东部地区要率先提高自主创新能力，率先实现经济结构优化升级和增长方式的转变，率先完善社会主义市场经济体制，在率先发展和改革中带动中西部地区的经济发展。同时，提出要加大财政转移支付和财政性投资力度，支持革命老区、少数民族地区和边疆地区加快发展。

围绕发展城市群和以中心城市为龙头的城市经济圈，国家将重点支持长三角、珠三角、京津冀等城市群增强整体竞争力，继续发挥其在区域经济中的带动和辐射作用；支持具备发展城市群条件的区域以特大城市和大城市为龙头，加强统筹规划，形成一批新的城市群；发挥中心城市的作用，带动区域经济的发展。

政府通过行政干预和宏观调控对区域经济的发展产生影响，在促进区域经济发展的政策上，主要实行有差别的区域发展政策，根据不同区域的发展状况，重点给予相关的鼓励政策，加大财政转移支付和财政投资等方面的扶持。重点是健全市场合作、互助、扶持等区域协调互动机制，鼓励打破行政区划，发挥市场配置资源的基础性作用，开展多种形式的区域互助合作，发展多方面的支援和帮扶，增强国家对中西部等经济落后地区的支持。

（三）区域经济发展面临的挑战

不可忽视的是，中国区域经济的发展也面临着一些新问题和新挑战。

第一，中国市场经济体制虽然已基本建立，但是过去的计划经济体制对区域经济发展的影响尚未完全消除，传统的行政区的经济发展模式仍然占据主导地位，行政区域的市场壁垒和分割在一定程度上阻碍着资源的优化配置和生产要素的自由流动。

第二，区域经济发展的管理体制和政策体系尚不健全，尚未形成能够有效推进跨区域发展的利益共享机制，缺乏制度和法律保障，目前地方政府“分灶吃饭”的财政体制、税收分配制度和政绩考核导向对推进跨区域的经济发展有所影响。

第三，不同区域在经济社会发展上的差距较大，导致发展相对滞后的地区在基本公共服务、基础设施以及统筹协调区域发展和增加财政转移支付等方面的压力增大。

第四，我国的区域经济仍然处于起步阶段，面对经济全球化和区域经济一体化的趋势、国内外日趋激烈的市场竞争，以及区域资源环境对经济发展的制约，区域分工协作、区域产业布局和结构调整优化正面临新的挑战。

第二节　区域经济的发展理论

一、区域经济增长理论

（一）区域经济增长要素

区域经济增长是多种影响因素相互作用的过程。对区域经济增长要素的分析，是研究区域经济增长的起点。区域经济增长要素理论主要涉及区域经济增长的影响要素、区域经济增长要素的分类标准等内容。

1．区域经济增长影响要素

区域经济增长要素对区域经济增长的作用各不相同，但又相互联系。如何区分各要素对区域经济增长的贡献，是一个重要而又困难的论题。区域经济增长理论一般侧重分析主要要素对区域经济增长的影响作用。

（1）自然条件和自然资源要素。广义的自然条件包括所有自然资源，狭义的自然条件是指自然地理位置、地质条件、水文条件、气候条件等，它作为环境因素，间接地对区域经济增长产生作用。自然条件和自然资源作为区域经济增长的物质基础，是影响区域经济增长的基本要素，具体体现在对劳动生产率的影响、对区域产业结构的影响、对区域初始资本积累的影响等方面，即首先影响区域经济的投入结构，进而影响区域经济的产出结构。

（2）劳动力资源要素。劳动力资源即指区域内人口总体中所具有的劳动能力的总和，是存在于人的生命体中的一种经济资源。劳动力资源的数量、质量是决定区域经济增长的重要因素。区域劳动力资源丰富，即为该区域经济增长提供了最基本的条件；劳动力资源缺乏，则直接影响区域经济增长所需人力资源的供给。劳动力投入量的增加，可提高区域经济的产出水平，并影响生产要素投入的结构。

（3）资本要素。资本是一种相对稀缺的生产要素，资本的形成对经济增长具有决定性影响。资本存量的多寡，特别是资本增量形成的快慢，往往成为促进或阻碍区域经济增长的基本要素。资本的主要形成路径为：储蓄（私人、企业、政府储蓄）转化投资，进而形成物质资本（机器、设备、厂房、基础设施等）。区域经济增长并非单纯取决于储蓄和可投资资源的供给，而是主要取决于这些资源的合理利用。

（4）技术要素。技术是指解决生产、生活实际问题的手段、方法等的总和，既包括知识、经验等软技术，又包括工具、装备等硬技术。技术要素已成为经济增长的重要内生变量，技术进步对区域经济增长的影响日趋跃居主导地位，区域的技术能力已成为区域经济增长的核心要素。

技术进步对区域经济增长的影响主要表现在：不同的技术条件决定了各种

要素在经济活动中的结合方式；技术进步不断改变劳动手段（主要表现为生产工具，尤其是机器设备）和劳动对象；技术进步能促进劳动力素质的提升；技术进步能促进产业结构的优化升级。

（5）区际贸易要素。区际贸易既包括一国范围内区域间的国内贸易，也包括区域跨国界的国际贸易；既包括区际商品贸易（商品输入和输出），也包括区际服务贸易（如旅游业等）。区际贸易也是影响区域经济增长的重要因素，对区域经济增长具有乘数效应。

（6）结构要素。区域内企业组织结构调整、产业结构优化配置及产业组织结构优化、空间结构的合理有序等，都是促进区域资源优化配置的重要途径，是促进区域经济增长的重要因素，影响着区域经济的稳定增长。

（7）制度安排。政府通过正式制度安排（体制、政策、法规、组织、规划）可改变区域的要素供给特征和要素配置效率，影响区域经济增长速度。区域非正式制度安排（道德、伦理、观念、风俗习惯或文化传统、企业家精神等）的差异导致区域制度创新能力的差异，进而影响区域经济增长的速度和质量。

2．区域经济增长要素分类标准

基于不同的视角，采用不同的分类标准，国内学者将区域经济增长要素分类方法归结为以下三类：

（1）基于各种要素性质、特征和作用的差异视角的分类。根据区域经济增长诸要素的性质、特征和作用的不同，将其分为一般性因素和区域性因素两类。一般性因素是国家和区域共有的增长因素，反映区域经济增长的共性特征；区域性因素是区域特有的增长因素，反映区域经济增长的个性特征。

按此分类标准，也可将区域经济增长诸要素分为供给面因素（生产要素）、需求面因素和作用于供、需方面的因素。供给面因素包括劳动力、资本和土地等；需求面因素包括私人的消费需求和公共的消费需求、私人的投资需求和公共的投资需求；作用于供、需方面的因素包括技术进步、空间结构、产业结构、基础设施体系、国家产业政策和区域政策、政治体制、社会体制、法律、意识形态、文化历史传统等。

（2）基于各种要素的区域来源视角的分类。根据区域经济增长要素的区域来源，将其分为内部因素和外部因素。内部因素反映区域经济增长的潜力和自我发展能力；外部因素反映外部环境条件对区域经济增长的影响。

（3）基于各种要素与社会生产过程的相关程度视角的分类。根据区域经济增长诸要素与社会生产过程的相关程度，将其分为直接影响因素和间接影响因素两类。

直接影响因素即生产的因素，是指直接参与社会生产过程的因素，包括劳动力、资本和技术。直接影响因素对区域经济增长起着决定性的作用。间接影响因素即指通过直接影响因素对社会生产过程间接发生作用的因素，包括自然条件和自然资源、人口、科技、教育、经营管理、产业结构、对外贸易、经济技术协作、经济体制和经济政策等。间接影响因素一般通过改善生产条件、劳动力和生产资料的质量来影响区域经济的增长。

总之，影响区域经济增长的要素是多元的。区域经济增长要素分析应重点关注以下三大内容：

第一，生产要素分析。即分析劳动力、资本、技术等生产要素对区域经济增长的决定性影响作用。

第二，制度要素分析。制度分析是新制度经济学倡导的一种具有相当强解释力的分析方法；对一个区域而言，制度可分为正式制度和非正式制度。制度供给的有效性是影响区域经济增长速度及质量的重要因素。

第三，结构要素分析。西方区域经济增长理论研究的侧重点是区域经济增长的动力机制及其区际差异问题，产业结构及空间结构一般被置于其理论框架之内。作为影响区域经济增长过程的一个变量，区域经济学尤其应重视分析区域产业结构—空间结构要素对区域经济增长速度和质量的影响作用。

（二）经济增长理论

1. 区域输出基础理论

诺斯认为，区域经济增长的动力来自外部需求的拉动，区域外部需求的增加是区域增长最为关键的初始决定因素。诺斯的思想后来经过蒂伯特等人的发展而逐步得到完善，成为解释区域增长的输出基础理论。

（1）输出基础理论的思想内核。在输出基础理论中，经济被划分为两个部门：一是输出的基础部门，包括所有的区域外部需求导向的产业活动。二是非基础部门，包括所有的区域内部需求导向的产业活动。输出基础理论的思想内核是，一个区域经济的增长取决于输出的基础部门的增长，区域外部需求的扩大是区域经济增长的基本动力；因而增加区域的输出基础即区域所有的输出部门，将启动一个乘数过程，其乘数数值等于区域总的收入或就业量与输出部门的收入或就业量之比。

输出基础理论认为：一个区域对外输出（包括产品和服务）的总额越大，其输出部门的收入就越多，这部分收入除了补偿输出部门的生产费用，还可以用于满足区域内需求的产品的生产和服务业，以及用于扩大输出。同时，输出部门的生产活动需要许多区域非输出部门的配合和协作。这样，输出部门越大，区域内的生产和服务业就越会得到更大程度的发展。因此，输出生产和输出总额越大，区域经济的规模和相应的收入就越大。

（2）输出基础理论的特点。

第一，它显然是凯恩斯的收入理论在开放的区域和长期分析中的应用。输出作为总需求的唯一外生影响因素，被提升到了核心的地位，其他可能的影响因素（消费函数、国内投资或政府支出水平的变化等）被降低到了微不足道的位置。

第二，该理论不关心出口需求增长的来源，将整个世界经济仅分为两个组成部分：区域和世界其他地区。出口的增加是源于邻近区域还是源于世界的其他地区都没有什么差别。

第三，输出基础理论在分析区域经济增长时把各国需求的变化模式置于核心的位置。它强调，为了理解区域经济增长的机制，不能孤立地对一个区域进行研究。一个区域经济能否快速增长，不可能完全在它的边界内部决定。

输出基础理论的倡导者也认识到区域内部政府的较高支出水平将促进区域经济增长；非经济因素引起的迁移也会在不改变输出基础的情况下推动当地经

济活动的扩张；进口替代型的当地活动的增加也会促进区域经济发展。此外，当地产业（例如，为输出产业提供投入的那些产业）的效率改进能够通过提高输出基础部门的竞争力，而对区域活动产生显著影响。这一区域经济增长理论，有助于我们对特定国家某区域历史发展的重要特征形成一个简洁的描述。但它存在着诸多缺陷，因此难以成为区域经济经济增长的一般理论。

（3）输出基础理论的缺陷。首先，输出基础理论简单地将各区域分为本区域和其他地区，这就掩盖了在增长过程中区域相互之间可能产生的重要作用。其次，作为区域经济增长预测的方法，输出基础理论的价值也是令人怀疑的。我们不大可能根据输出基础部门的变化，来估计它对区域经济增长的净效应。例如，从区域输出的收入有多少再次以进口的形式输入，将取决于输出增长的确切形式和来源。这一理论的缺陷还包括以下几个方面：

第一，过度简化了输出基础部门的影响。在一个由许多商品组成的世界里，当地活动的影响经常显著地从一个输出行业变动到另一个输出行业。输出基础不同组成部分的扩张，对区域经济增长具有相当不同的作用。

第二，输出基础理论忽略了内部增长驱动力有可能是区域经济增长的关键因素的事实。从长期看，单纯强调输出是非常狭隘的，我们还需要考虑其他外生变量（政府公共支出措施、区域内的技术进步、生产函数或消费函数的变动等）的水平，它们在某些情形下对增长的作用较输出基础更为重要。

第三，我们所研究的区域越大，这种忽略所引起的问题就越严重。随着所分析区域规模的扩大，输出的相对重要性将越来越小，增长的其他影响因素的重要性将相应地增大。另外，对于较大的区域来说，乘数的反馈作用可能更为显著，这就要求一种立足于区域间的分析方法。

第四，在某些情形下，当地活动可能是区域收入增加的关键因素。例如，将资源配置到当地活动也许比配置到输出部门更有效率（比如，由于前者具有更高的技术进步率）。在这种情况下，输出活动的下降会促进区域收入的增加。

第五，如果一个区域的贸易条件有显著的改进，那么即使其输出基础的规模没有提高，该区域经济也能够实现经济增长。

第六，当我们涉及具有复杂的输出部门（其市场从有限制的区域到国家甚至整个世界）的多样化的区域经济时，输出基础这个概念的价值就会大打折扣。

2. 新古典区域经济增长理论

1956年，美国经济学家索洛发表的论文，成为经济增长研究历史上的一个里程碑。索洛成功地将新古典经济理论和凯恩斯经济理论结合在一起。对新古典模型作出贡献的还有英国经济学家拉姆齐和澳大利亚经济学家斯旺。由于索洛模型是新古典经济增长模型的最重要代表，我们常常把索洛模型与新古典模型作为同义词使用。新古典模型被广泛应用于各国区域经济增长分析中，一些学者还试图将空间因素引入新古典增长模型。例如，理查森把区域空间结构的变动对区域经济增长的影响引入新古典区域经济增长理论的标准增长方程式，提出了一个融合空间维的区域经济增长模型。

3. 凯恩斯区域乘数理论

乘数效应是一种宏观的经济效应，也是一种宏观经济控制手段，是指经济活动中某一变量的增减所引起的经济总量变化的连锁反应程度。在区域经济发展中，它的概念是指通过产业关联和区域关联对周围地区产生示范、组织、带动作用，通过循环和因果积累，这种作用不断强化放大、不断扩大影响。凯恩斯区域乘数由标准凯恩斯国民收入—支出乘数模型改造而来。

区域经济在某种程度上与国民经济不同，有自己独特的性质，凯恩斯区域乘数也在一定程度上与标准凯恩斯国民经济乘数有所不同。

（三）区域经济增长阶段

区域经济由不发达到发达是一个漫长的演化过程。在这一过程中，区域要素供给、产业结构、空间结构乃至资源配置方式均具有明显的阶段特征。区域经济增长（发展）阶段理论即通过对区域资源要素配置、经济增长、产业结构及空间结构演化等方面作用机制的分析，探究区域经济由低级到高级、由贫穷到繁荣的阶段性规律。基于所分析的区域类型特点，区域经济增长（发展）阶段理论可分为罗斯托的经济成长阶段理论、一般区域经济增长（发展）阶段理论、特殊区域生命周期理论和约翰·弗里德曼的区域空间成长阶段理论四大类。

1．罗斯托的经济成长阶段理论

罗斯托将人类社会发展划分为六个经济成长阶段。

（1）传统社会阶段。在这一阶段，社会生产力水平低下，产业结构单一，经济活动主要局限于传统的农业活动，其他产业不发达，区域经济增长缓慢。

（2）为起飞创造前提阶段。罗斯托认为，起飞指突破经济传统的停滞状态。区域经济要想实现起飞，必须具备以下三个条件：一是具有较高的资本积累能力，资本积累占国民收入的10%以上。可通过三个途径实现：私人储蓄，政府发行债券、征税以及出让公有土地，国外（或区外）资本输入。二是建立起飞的主导部门。该主导部门发展速度快，既能带动其他部门，又能赚取外汇，以便引进技术和购买外国产品。三是要有制度上的改革，即建立一种能保证起飞的制度。以上三个条件之所以是区域经济实现起飞的前提，罗斯托认为主要基于以下几个原因：第一，较高比例的资本积累可确保经济增长的资本需求。第二，主导部门的建立和发展带来的外汇收入，可用来引进先进技术；同时，保障投资利益的制度变革的实行有利于外国直接投资建厂，带来新技术。第三，主导部门的建立会产生“连锁”效应，即主导部门的建立可带动其他部门的发展，从而引起区域经济的变化，为经济发展所需要的原料生产、交通运输、劳动力供给提供保证。

（3）起飞阶段。罗斯托认为，在人类社会经济成长的六个阶段中，起飞阶段相当于工业化初期，即一个具有决定性意义的转折时期。在这一阶段，基本经济结构和生产方式将发生剧烈变化，意味着技术的吸收并产生扩散性结果。罗斯托认为，经济的起飞主要是因为主导部门采用了先进技术，扩大了市场，增加了资本积累，从而带动整个国民经济的发展。但经过一段时间后，当初的先进技术及其影响已经扩散到整个经济部门中，必然会导致工业部门技术改造的缓慢，主导部门的“减速趋势”不可避免。因此，一个社会要想保持较高的平均增长率，必须不断地采用新技术，产生新的主导部门。新主导部门通过技术扩散和利润的再投资可带动其他部门的发展，从而实现经济的另一次起飞。

（4）成熟阶段。罗斯托认为，经济实现起飞后，经过较长时间的持续成长，才能达到成熟阶段。在这一阶段，经济中已经吸收了先进的技术成果并推广到其他部门，工业向多样化发展，主导部门为铁路、钢铁工业、通用机械、电力工业和造船工业等重型工业和制造业综合体系。从起飞阶段到成熟阶段，经济成长主要依靠对工业设备部门的投资，这种投资虽然能带动工业部门的增长，但也具有一定的局限性。这种局限性主要体现在：以对工业部门投资为基础的这种经济成长，在先进技术已被充分吸收并被应用于大多数生产部门之后，将不可避免地出现“减速趋势”，为了终止这种趋势，必须向更高级的新的成长阶段过渡。

罗斯托认为，这种新成长阶段的出现并不是偶然的，在这一过渡过程当中，成熟阶段具有一定的诱导作用：一是经济的成熟带来了新型产品——汽车。二是经济的成熟引起了劳动力结构的变化，城市居民人数和人们的收入均有所增加。三是随着收入的增加，人们对高档消费品的需求也随之增加，这促使社会必须投入更多的资源以满足人们需求的变化。在这些诱导作用的影响下，以汽车为主导部门的“高额群众消费阶段”必然形成。

（5）高额群众消费阶段。在这一阶段，工业高度发达，主导部门为汽车工业部门综合体系。该体系不仅包括汽车工业部门本身，还包括与汽车工业具有回顾效应的钢铁工业、橡胶轮胎工业、石油精炼工业等部门以及与汽车工业具有旁侧效应的私人住宅建筑、高速公路建设等部门。罗斯托认为，在高额群众消费阶段，必须保持相当高的消费者需求水平，否则耐用消费品生产部门和各相关部门将会开工不足，从而缩减投资利益，经济成长将不能得到保证。

（6）追求生活质量阶段。罗斯托认为，由于存在主导部门的减速趋势，高额群众消费阶段同样也会被新的成长阶段代替，这一新的成长阶段即为追求生活质量阶段。这一阶段的主导部门为教育、卫生保健、住宅建筑、城市和郊区的现代化建设、社会福利等提高人们生活质量的有关部门。

罗斯托经济成长阶段理论对发展中国家选择发展战略、重点和模式，揭示主导部门带动经济增长的作用及资本积累的重要性具有一定的指导意义。罗斯托所采用的部门总量分析方法是其起飞理论的核心和支柱，是他对发展经济学的一个重大创新和贡献。他用了大量篇幅来讨论主导部门的形成、扩散、更迭、持续增长与反减速等问题。他关于划分经济发展阶段的基本根据是资本积累率水平的研究以及关于技术创新的研究，对于分析和划分区域增长阶段具有很好的参考价值，对研究发展中国家的经济发展有很大的启示作用。

罗斯托关于起飞、主导部门以及经济成长阶段交替机制的研究，对分析和判断区域成长阶段具有一定的合理性，但该理论也存在一定的局限性：该理论是在分析发达国家经济演变的过程中实现的，尤其是在美国的经济历史过程中形成的，他所描述的经济成长是一个直线形的概念，认为所有国家都遵循同样的发展路径，都选择同样的经济发展模式。但事实上，各国的历史、文化、制度和经济发展水平都存在着很大的差异，不可能选择完全相同的发展道路。它是否适应于发展中国家，还有待实践的检验。此外，罗斯托理论的基本研究单位是国家，在进行区域经济演变历程的研究时，不能完全照搬，还要根据区域经济发展的特点进行研究。例如，对于基础薄弱的区域而言，虽然其积累率很高，但其发展水平仍可能处于传统阶段；从主导产业来看，由于各地区存在较大差异，各区域主导产业的更替也会存在较大差异。因此，对区域成长阶段进行判断时，没有统一模式，要根据区域发展的实际情况进行具体分析。

综上所述，可以总结一下罗斯托的经济成长阶段理论的优缺点。优点：罗斯托的经济成长阶段论是在考察了世界经济发展的历史后提出的，它正确地强调了国际贸易对一国经济发展的重要性，对落后国家追赶先进国家具有重要的指导意义，所以是一种重要的现代化理论。一些国家在现代化进程中曾经自觉地实践了罗斯托的理论并取得了巨大的成功。局限性：一方面，罗斯托的经济成长阶段理论是一种线性的发展理论，不具备周期理论的预见性。人们注意到，罗斯托的理论最初只包含了五个阶段，后来被他扩展成六个阶段，那么只要人类社会不灭亡，肯定就还会存在第七个阶段。这第七个阶段是什么？有什么特征经济根据罗斯托的理论，人们无从知晓。所以，罗斯托的理论虽然对落后国家的发展具有重要的指导意义，但对发达国家的发展却没有多大参考价值。另一方面，罗斯托的理论忽略了多种经济发展模式存在的可能性。实际上，小的经济体，如新加坡这样的城市国家，完全可能以其他的路径实现现代化，或者实现跳跃性的发展。

针对罗斯托的经济发展阶段理论对发达国家的发展没有多大参考价值的弱点，从 20 世纪 70 年代开始，美国产生了一批思考美国以及人类未来的著作。这些对世界产生了广泛影响的著作都涉及信息革命或者信息社会的问题，在一定程度上弥补了罗斯托理论的欠缺。

2．一般区域经济增长（发展）阶段理论

（1）胡佛—费希尔的区域经济增长五阶段论。美国区域经济学家胡佛和费希尔最早倡导区域经济增长阶段论。该理论认为，任何区域的经济增长都存在着“标准阶段次序”，具体包括五个阶段。

第一，自给自足经济阶段。此为区域经济增长的初始阶段。其特征表现为：区域产业几乎全为农业，区域人口绝大部分为农业人口；区域经济呈明显的封闭性，区域间经济联系甚少；经济活动均随农业资源呈均匀分布。

第二，乡村工业兴起阶段。随着交通运输业以及贸易的发展，乡村工业崛起并在区域经济发展中发挥重要作用。

第三，农村生产结构转换阶段。随着区际贸易的扩大，区域农业生产方式逐渐发生变化，由粗放型农业向集约型、专业化农业转变，由畜牧养殖转向果蔬、乳酪、园艺生产。

第四，工业化阶段。随着人口的增长、农业生产发展到相当规模后引致规模报酬的递减、采掘工业生产效益的下降，区域被迫谋求工业化。

第五，服务业输出阶段（成熟阶段）。此为区域经济增长最后阶段，区域实现了为出口服务的服务业专业化生产，向区外输出资本、熟练技术人员和为欠发达区域提供专业化服务，专业性服务的输出逐渐成为区域经济增长的驱动力。

胡佛—费希尔的区域经济增长阶段理论是对传统经济区位理论的一种扩展，是对大多数欧洲国家区域经济发展历史过程的经验总结，所揭示的是在技术变化条件下区域产业结构变化的一般规律。该理论强调，任何区域的经济发展都必须经历两个相辅相成的成长过程：一方面，区域经济必须经历由自给自足的封闭型经济向开放型的商品经济转变的历史过程，在这一转变过程中，运输成本下降起着关键作用，区际贸易发挥着重要作用。另一方面，区域经济必须完成由第一产业向第二产业到第三产业的过渡，实施区域工业化战略是完成这一转变的关键，由农业、采掘业等初级产业向以制造业为中心的次级产业过渡，是维持区域经济持续发展的唯一途径。

胡佛—费希尔的区域经济增长阶段理论也存在着明显的缺陷：该理论只是对区域经济发展的状态描述，没有涉及对区域经济发展的动力机制及其原因的解释；在理论的应用层面上，也并非每一个区域的经济发展都必须经历这样的“标准阶段次序”。

（2）陈栋生、魏后凯的区域经济成长（增长）四阶段论。陈栋生、魏后凯等均倡导区域经济成长（增长）四阶段论。该理论认为，区域经济的成长（增长）是一个渐进的过程，可分为待开发（不发育）、成长、成熟（发达）、衰退四个阶段。

第一，待开发（不发育）阶段，此为区域经济增长的初始阶段。其总体特征为：区域经济处于未开发或不发育状态，生产力水平低下，生产方式落后；产业结构单一，农业所占比重极高；商品经济极不发达，市场规模狭小，经济增长缓慢，长期停滞在自给自足甚至自给不能自足的自然经济状态中；自我资金积累能力低下，缺乏自我发展能力；各种经济活动在空间上呈散布状态。处于这一阶段的区域经济发展途径为：将外部资金、人才、技术输入和区域内条件有机结合，形成自我发展能力，启动区域经济增长。

第二，成长阶段，当区域经济跨过工业化的起点且呈较强增长势头时，标志着区域经济发展进入成长阶段。其总体特征为：区域经济高速增长，经济总量规模迅速扩大；产业结构急剧变动，工业逐渐超过农业成为区域经济的主导部门；商品经济发育成长，市场规模不断扩大，区域专业化分工迅速发展，优势产业已形成或处于形成中；人口和产业活动迅速向城市集聚，形成启动区域经济发展的增长极或增长中心；伴随区域经济总量增长和结构性变化，区域社会文化观念也相应嬗变。促进区域经济发展从不发育阶段进入成长阶段的实现途径有外部推动型、国家投入型、自身积累型和边贸启动型。

第三，成熟（发达）阶段，区域经济经过成长阶段的高速增长后逐步进入成熟（发达）阶段。其总体特征为：区域经济增长速度趋缓，并渐趋稳定；工业化达到较高水平，服务业较发达，基础设施完善，交通运输、信息已形成网络；生产部门齐全，专业化分工程度高；区内资本积累能力强，人力资本丰富。处于这一阶段的区域通常是国家经济中心区所在。

第四，衰退阶段，由于运输地理位置的变更、产业布局指向的变化、资源的枯竭、技术和需求的变化，部分区域在经历成熟阶段后，有可能转入衰退阶段。其总体特征为：经济增长缓慢，原有的增长中心和主导产业发展势头丧失；传统的衰退产业所占比重大，区域主导产业链条在时序上缺乏有机连接，导致区域经济的结构性衰退，若结构调整滞缓，缺乏新兴替代产业，则区域经济将出现绝对衰退，逐步走向衰落。在区域沦为衰退区前，应及时调整区域产业结构，扶持新兴产业和替代产业，谋求经济的多元化，促进区域经济持续发展，进入新的成长阶段，开始新一轮成长过程。

陈栋生、魏后凯的区域经济成长（增长）四阶段论是中国学者最早创造性地倡导的一种具有一定代表性的区域经济发展阶段理论，它实质上是一种关于区域经济成长阶段的定性分析和描述。

（3）郝寿义、安虎森的区域经济增长四阶段论。郝寿义、安虎森等将一般区域的经济增长分为待开发、成长、成熟和高级化四阶段。①

第一，待开发阶段。其整体特征表现为：①经济结构落后。农业在经济结构中居绝对地位，以粮食生产为主的种植业是最主要的经济活动内容；工业所占比重极低；第三产业不发达。②要素配置不合理。区域储蓄能力弱，资本形成不足，资本稀缺是区域经济增长最主要的制约因素；区域劳动力充裕，后备劳动力资源极为丰富，但素质低下；经济活动对自然的依赖性强，劳动生产率低。③经济活动处于自给自足的封闭状态，与区外经济联系微弱。④经济增长缓慢，经济发展水平低下。

---

① 郝寿义，安虎森．区域经济学［M］．北京：经济科学出版社，1999.11

第二，成长阶段。其总体特征表现为：①区域工业化开始启动，经济结构明显改善。农业所占比重明显下降，农业内部结构不断调整；工业成为区域经济的主导部门，资源密集型产业和劳动密集型产业占主体地位，资本密集型产业呈良好发展势头；服务业发展迅速。②要素配置更为有效。区域人均收入水平明显提高，居民储蓄能力增加，促进了资本形成及区域资本供给能力提高；农业劳动力逐步向工业和其他产业转移，劳动力素质不断提高。③劳动生产率不断提高，经济增长速度较快。

第三，成熟阶段。其总体特征表现为：①区域经济基本实现现代化，第三产业的增长速度高于工业、农业等物质生产部门的增长速度，劳动力由物质生产部门向第三产业转移。②推动区域经济增长的因素已由要素投入数量的增加转变为要素配置效率的提高和技术创新能力的增强。③劳动密集型产业逐渐被资本、技术密集型产业取代，促使区域产业结构高级化。④农业全面实现机械化，工业基本实现自动化，金融、保险、咨询、技术服务等新兴第三产业发展迅速。⑤由于要素供给质量明显提高，技术创新能力增强、产业结构不断升级，区域经济快速增长。

第四，高级化阶段。其总体特征表现为：①区域经济完全实现现代化，推动区域经济增长的主导因素已由要素投入的增加转变为技术和组织创新。②大型企业集团迅速成长、扩张，日益成为区域经济发展的主导力量。③区域和外部的经济联系更为密切，向外输出技术含量高的物质产品以及技术、资本和其他服务；经济联系范围更加广阔，国际市场对区域产品的需求状况以及区域产品在国际市场的竞争能力，对区域经济增长影响甚大。④消费结构发生根本性变化，物质消费退居次要地位，追求精神享受成为主流，服务于这一消费结构变化的第三产业快速发展，成为推进经济增长与发展的重要力量之一。

郝寿义、安虎森的区域经济增长四阶段论基本上是一种区域经济增长阶段的定性描述，未涉及区域经济增长“衰退”现象、区域经济空间结构变化等内容。

（4）蒋清海的区域经济发展四阶段论。蒋清海在综合比较分析中外区域经济发展阶段的划分标准及理论内涵的基础上，提出划分区域经济发展阶段的四大标准，即制度因素是划分区域经济发展阶段的背景性标准；产业结构是判别区域经济发展阶段的生产力标准；空间结构是标示区域经济发展阶段不同于其他经济发展阶段划分的标准；总量水平是测量经济发展高度的标准。他根据制度因素标准将区域经济发展的四个阶段标示并命名为传统经济阶段（包括原始经济和农业经济时期）、工业化初期阶段（工业化兴起时期）、全面工业化阶段（工业化中兴时期、工业化成熟阶段）、后工业化阶段（信息经济阶段）。

3．区域空间成长阶段理论

美国著名城市与区域规划学家约翰·弗里德曼的区域空间成长阶段理论以“空间规划”理论闻名于世界。他通过对发达国家及不发达国家的空间发展规划的长期研究，在考虑区际不平衡较长期的演变趋势的基础上，将经济系统空间结构划分为核心和边缘两部分。他首次提出了核心—边缘论，并逐步发展成为一种普遍适用于发达国家与不发达国家空间规划基础的一般理论。

弗里德曼认为，核心与边缘空间不平衡程度更多地与一个国家或地区的经济、社会和政治发展水平相关。在构建核心—边缘理论的基础上，弗里德曼以空间结构、产业特征和制度背景为标准，将区域经济发展分为四个阶段。

（1）工业化以前的资源配置时期。这一阶段区域生产力水平低下，农业经济占绝对优势，城市规模较小，腹地之间的联系几乎没有或极其微弱，空间结构呈原始状态。

（2）核心边缘区时期。随着社会分工的不断深化，区域贸易日益频繁，区位条件好、资源优势突出、交通便捷的区域发展成为城市，即核心区，而广大的农村则成为边缘区。核心区由于发展条件较好，经济效益高而处于支配地位；而边缘区由于发展条件较差，经济效益低而受制于且依附于核心区，处于被支配地位，空间二元结构十分明显，核心区与边缘区的经济发展不平衡加剧。

（3）工业化成熟时期。随着经济的发展，核心区发展加快，核心区与边缘区的差距进一步加大。权力分配、资金流动、技术创新、人口迁移等都进一步向核心区集聚。

（4）空间经济一体化时期。当经济进入持续发展阶段，随着政府干预的加强、区际人口的转移、市场的扩大、交通运输的改善和城市层次的扩散等，核心区与边缘区的界限会逐渐消失，区域空间走向一体化。

弗里德曼的区域空间成长阶段理论对区域非均衡发展理论研究的拓展有着重要影响，它反映了20世纪70年代初区域理论研究将政治、文化等社会因素引入区域空间系统，打破了城市和区域发展的研究仅限于经济范围的束缚，揭示了经济发展的不平等必然会在地区间及地区内经济中心和其他地区形成空间不平等关系。这种不平等不仅意味着人均收入和社会方式等发展水平上的差距，更重要的是造成了区域间竞争机会和竞争能力的不平等。这种不平等是处理地区关系必须正视的问题，对区域发展理论的研究有着积极的意义。但是，弗里德曼的“核心—边缘”理论因其涉及因素较多而限制了实证研究。

二、区域经济分异理论

要正确认识区域发展差异，并发挥不同区域的优势与特色，以促进区域经济协调发展，首先必须分析区域经济赖以存在的客观基础，以及区域经济差异产生的原因。

（一）区域经济分异的客观基础

1．生产要素的不完全流动性

由于空间是非均质的，气候、矿藏、土壤、江河、地形和其他许多自然特征在空间中显现出某种不均匀分布，并表现出完全的或部分的不流动性，许多类型的经济活动在特别的地理空间上形成。这种不完全流动性包括两层含义：一是指生产要素不是都能够流动的，其中有些能够流动，有些则是固定不动的。前者如人口、劳动力、资金、物资设备和技术等；后者如土壤、矿藏、地形、水文和气候等自然资源和条件。由于这些自然资源和条件的不均匀地理分布，使其成为“某些经济活动会产生在某个区域”的一个基本解释。二是指能够流动的生产要素其流动性是有限的或不完全自由的。对这种要素流动的约束来自许多方面，主要有：①管理体制：出于国家行政管理的需要而对要素流动作出种种规定，如户籍管理制度使人口的迁徙和居住地的选择受到一定制约。②主体利益：利益动机是流动约束的内在原因，资本追逐利润率、劳动者向往高收入，违背这些目标，会使流动自行停滞。③历史文化：传统的习俗和观念，常常使许多人不愿离开本乡本土。显而易见，生产要素的不完全流动性使得经济活动不可能形成空间均衡化，因而构成区域经济分异的基础。

2．经济活动的不完全可分性

要素的不完全流动性只是解释区域经济存在的一个必要条件而非充分条件。可以作这样的假设：在资源赋存和自然状况完全一致、要素可以充分流动的一片平原上，经济活动按照逻辑将出现什么格局呢？一般人们会认为，或者各种产业都集中在某一地点，或者各种产业均匀分散于整个地区，或者各种产业杂乱无章、毫无规则地分布。实际都不是，而是会形成一种缜密有规则的结构，它的基础之一即源于经济活动的不完全可分性。

经济活动的不完全可分性由产业的规模经济和集聚经济（或称外部经济）所决定。规模经济一般分为内部规模经济与外部规模经济。内部规模经济是指生产规模的扩大而产生的平均生产成本的降低，生产规模的扩大有利于生产的专业化以及产品的标准化，从而提高生产效率和劳动生产率。外部规模经济是一种空间集聚经济，即多数不同的工厂、企业在同一空间地域内的集聚与联系，导致平均生产成本的降低和经济效益的产生。规模经济性和集聚经济性推动了生产要素和企业在一定空间范围内的相对集中，形成了以城市为中心的区域经济。

3．商品和劳务的不完全流动性

空间是有距离的，从一端到另一端，不仅要耗费时间，而且要付出费用，克服空间分离的耗费即距离成本。商品和劳务是不可能免费或在瞬间完成流动的，要素流动需要花费运输费用、时间成本、信息成本、心理成本等，而这些成本会限制自然资源优势和空间集聚经济可能实现的程度。经济活动中的生产地、原料地和市场地往往不会在同一处，企业在选址时必然要考虑三者的距离最短、运输费用最低的区位。消费者去商店购物，既要占用一定时间，也要支付一定的路费，因而愿意就近购买。这些距离成本限制了自然天赋优势的发挥和空间集聚经济得以实现的程度，使经济活动局限于一定的空间范围，所以它构成区域经济存在的又一重要基础。

以上生产要素的不完全流动性、经济活动的不完全可分性、商品和劳务的不完全流动性构成了区域经济学的三个基石。

（二）影响经济空间集聚的基本要素

新经济地理学认为，规模收益递增、运输成本和不完全竞争是影响经济空间集聚的三个基本要素，构成了区域经济学新三大基石。

1．规模收益递增

规模收益递增包括两方面的解释：一方面的解释是指单个企业生产的规模收益递增，具体是指在企业内部由于生产规模的扩大带来产出的增加，虽然可变成本在增加，但单位产出的成本在不断下降，从而产生规模收益递增的现象。另一方面的解释是分工演进的规模收益递增，由于前后向关联等外部性的作用，处于一条生产链不同阶段的企业集聚在一起，形成地理上的集中，地理上的集中形成大型的聚集地区，其规模优势远远大于某一个部门或产业的集中优势，同时，行业内每个企业从整个行业的规模扩大中获得更多的知识积累。规模收益递增为地区获得竞争优势创造了前提。

2．运输成本

运输成本泛指商品和劳务在空间转移过程中发生的所有费用。传统经济学假设空间是匀质的，商品和服务可以在瞬间流动，故不考虑运输成本，这显然与现实有很大差别。现代主流经济学将运输成本解释为“冰山成本”，即商品或者劳务在空间转移过程中会发生损耗，科学技术的发展和交通运输水平的提高会逐渐减少经济活动的运输成本，但并不能轻易改变运输成本因素在空间经济活动中的重要作用，运输成本仍是决定厂商区位选择的重要因素之一。

3．不完全竞争

现实生活中很少存在真正意义上的完全垄断或完全竞争的经济活动，不完全竞争的经济环境是现实经济活动的常态环境。由于不完全竞争的存在，当某个地区的制造业发展起来之后，形成工业地区，而另一个地区则仍处于农业地区，两者的角色将被固定下来，各自的优势被锁定，从而形成中心区与外围区的关系，地区之间有各自的竞争优势。

（三）经济活动的区位差异分析

区位是指某一主体或事物所占据的场所，具体可标识为一定的空间坐标。区位本身并无优劣之分，但在一定的经济系统中，由于社会经济活动的相互依存性、资源空间布局的非均匀性和分工与交易的地域性等特征，各区位对经济活动在市场、成本、资源、技术等方面的约束不同，从而产生不同的经济利益。因而在区域经济学中，区位更多地强调经济利益差别。

1．经济区位

经济区位是某一经济体为进行社会经济活动所占有的场所（即经济活动的地区或地点）。工业生产所占有的场所即为工业区位，而居住活动所占据的场所则为居住区位，各城市经济活动所占据的场所则称为城市区位。经济区位对经济活动的效果有深刻影响，因而经济区位有优劣之分。

2．区位单位

区位单位是指布局于某一区位上的某一社会经济统一体内的各个组成部分。它是经济区位的布局主体。根据研究层次的不同，区位单位的具体内涵也不相同。例如，在研究区域产业布局时，某一工业行业整体即可视为一个区位单位；而在更微观的研究层次上，区位单位则可能是指一个工厂、一所学校、一家百货公司等。可见，区位单位是经济区位的主体因素，是社会经济活动区位布局的物质实体。

3．区位因素

区位因素是指区位单位进行空间配置的外部约束因素。在不同的区位上，人口与资源分布、市场供求状况等不同，从而其区位利益就具有很大差异，区位单位的布局状况也就不同。一个区位的相对优劣，主要取决于四类区位因素。

第一，地区性投入。即该区位上不易转移的投入的供应情况，具体是指存在于某一区位、难以从他处移入的原料、供应品或服务等。比如土地资源、气候资源、矿产资源以及区域医疗、教育基础设施等。

第二，地区性需求。即该区位上对不易转移的产出的需求状况。这取决于区域人口数量、收入水平等。

第三，输入的投入。即从外部供给源输入该区位的可转移投入的供应情况。比如输入区域经济发展所依赖的资本、技术、劳动力、一般原料供应等，它在一定程度上反映该区位的经济吸引力。

第四，外部需求。即区域向外部市场销售可转移产出物中得到净收入的情况。通常情况下，优越的区位产品外销费用低，可利用发达的流通渠道输出产品迅速赚取收益，而处于不利区位上的经济产出则受到当地生产技术水平和市场、运输条件等因素的制约，不容易输出到区外。它在一定程度上反映该区位在大区域中的地位。区位因素也称为区位因子，可以根据其特点划分为自然因子（包括自然条件和自然资源）、运输因子、劳动力因子、市场因子（市场与企业的相对位置、市场规模、市场结构）、集聚因子（集中或分散）、社会因子（包括政治、国防、文化等）。在不同的区位上，区位因素（区位因子）不同，其区位利益具有很大的差别，从而也就决定了各个区位的相对优劣。

（四）产业布局指向差异

在各种因素和布局机制共同作用下的产业布局，往往反映出向某一类地域集中的倾向，称为产业布局指向。

1. 产业布局指向的主要类型

第一，燃料、动力指向（亦称能源指向）。比如，火电站、有色金属冶金、稀有金属生产、合成橡胶以及石油化工等部门。另外，重型机械制造、水泥、玻璃、造纸业等在有些情况下也属于能源指向型产业。在这类部门中，能源的耗费在生产成本中占有很高的比重，一般在 35% ～ 60%。能源的供应量、价格和潜在的保障程度是决定产业布局的重要因素。

第二，原料地指向。原料地指向部门包括采掘工业、原料运量大或可运性小的部门。如原料开采、化纤、人造树脂、塑料、水力发电、钢铁、建材、森林工业、机械制造（部分），以及轻纺工业、制糖、罐头、肉类加工、水产加工和茶叶、棉花、毛皮等的粗加工业。原料地指向型产业大多是物耗高的产业部门，一般要考虑资源的数量、质量和开采的年限，还要考虑运输的能力等。

第三，市场指向（亦称消费地指向）。此类部门主要包括为当地消费服务的部门，以及产品易腐变质、不耐运、不易储存的部门。如重型机械、大型机械和特种机械的制造，建筑构件制造，面包、糖果、服装以及各类副食品生产部门。布局的要点是考虑产品本身的特性、产品就近销售的比重以及消费地所能够提供的产业间的协作规模。除此之外，城市中的传统服务业、小型企业等区位单位，其经营状况主要取决于城市内的市场需求状况。

第四，劳动力指向。在劳动力指向部门中，劳动力费用的支出在产品成本构成中占有很大的比重，超过其他费用项目的支出。如仪器制造、纺织、服装、制鞋、制药、塑料制品以及工艺美术品等。劳动密集型产业的布局，往往考虑地区劳动力的供应情况。

第五，交通运输枢纽指向。对于产品耐运性较强、运费在产品成本中所占比重很高的部门，港口或其他转运点是最小运输成本区位。另外，若生产地与市场之间有直达运输线，企业布局在交通线的起点或终点可减少中转费用。

第六，高科技指向。高科技指向部门如电子计算机、生物工程、航天工业、机器人工业、新材料、新能源等，要求运用最先进的科技成果，研发能力强，设备先进，劳动力素质高，多布局在科研单位和大学聚集区附近，如日本的筑波、我国的中关村等。

第七，环境指向。对一些区位决策单位而言，区位的优劣主要取决于该区位上各种因素的综合状况，即区位环境的好坏。比较典型的如某些高新技术企业的区位选择，更多地将受到该区位上科学技术、人才供给、创新刺激等方面的综合环境的影响。

2．产业布局指向的新变化

由于企业规模技术特征、企业所有权状况、科学技术发展、市场竞争变化对产业布局产生影响，传统布局主要是对物质产品生产的布局，现代增加了对知识产品生产的布局。布局指向产生新变化：第一，无指向性产业增多。由于要素流动、网络和电子商业的发展，一些产业的布局指向越来越不明显。第二，聚集型布局指向出现，即许多具有生产关联和非直接生产关联的企业在空间上集中布局，以获取更多效益。第三，在传统区位因素的基础上，区域软环境、智力资源、网络等新区位因素日益重要。

3．影响区位选择和产业布局的主要机制

影响各类经济主体的区位选择和产业布局的主要机制有四类：一是利益驱动机制，就是微观经济主体在利润、效用、福利最大化驱动下，作出区位抉择和布局决策。二是市场调控机制，市场通过价格机制引导和调节微观经济主体的区位选择和布局决策。三是宏观调控机制，国家或地方政府运用投资、财税等手段，改变区位优势，调整优化区域空间布局。四是目标驱动机制，通过建立国家、区域或企业发展目标体系，间接引导和改变微观主体的区位选择。

三、区域经济发展理论

（一）区域经济发展的含义

区域经济发展是指在经济增长的基础上，一个国家经济结构、社会结构不断优化和高度化的演进过程。“发展”一词源于英文“Development”，它具有多重含义，既可以表示经济的增长、人们的富裕，又可以表示人类的美好、进步和文明，还可以表示政治、经济和社会结构的演进。

第一，区域经济发展不仅着重外延扩大再生产，即经济规模的扩大，更强调内涵扩大再生产，尤其是科学技术进步和组织管理水平提高带来的经济效率的提高。

第二，发展是一个多层次的变动过程，它不仅涉及物质产品生产的增长，而且涉及社会和经济制度的完善以及人们价值取向的变动。

第三，发展是一个长期的变动过程，短期的经济波动并不能真正反映经济发展的本质特征。

第四，发展不仅代表人类的进步过程，还蕴含着人类所采取的开发行动，如各种开发方案、各项政策措施，以及开发的结果。

（二）区域经济非均衡增长理论

区域经济均衡增长理论的理论基础是经济增长理论，实践基础是发展中国家和欠发达地区的经济社会状况。目的是通过对发展中国家和欠发达地区总体情况的分析，提出使其摆脱贫困、实现工业化和现代化的路径。这一理论产生于 20 世纪 40 年代，有代表性的学者是拉格纳·纳克斯和罗森斯坦·罗丹等。以上两种均衡发展理论，都把启动发展中国家经济发展的切入点选在了投资环节上，特别是罗丹提出的在工业化初期，应将投资的重点放在基础设施和轻工业部门的理论，不仅在当时的历史条件下是合理的，而且对当前我国西部大开发战略的实施也有极好的借鉴意义。

但是由于这些理论的创建者，均没有提出该理论的阶段性或时限性，使其在实践中出现了普遍以牺牲较发达地区的经济利益为代价、降低经济效率的诸多案例。此外，虽然他们强调政府在推进发展中国家和欠发达地区经济发展中的作用是积极的，尤其是在工业化发展的初期阶段，政府的作用是市场所不能取代的，但这也应有个时限。并且，由于各地区的差异，在经济发展中非均衡是常态，不可能达到理想中的均衡发展。这正如恩格斯所讲的："在国与国、省与省，甚至地方与地方之间，总会有生活条件方面的某种不平等存在，这种不平等可以减少到最低程度，但是永远不可能完全消除。"①

经典区域经济非均衡增长理论发端于现代区域经济学学科正式形成及早期发展的 20 世纪 50—60 年代，在 20 世纪 70—80 年代不断拓展。20 世纪 90 年代以来，中外学者对区域经济非均衡增长理论又作了进一步丰富拓展，区域经济非均衡协调发展理论、区域经济后发优势理论等蓬勃发展。

1．"极化—涓滴效应"理论

（1）理论要点。非均衡增长理论的主要代表人物是德国发展经济学家赫希曼，他倡导把非均衡增长战略作为经济发展的最佳模式。他认为，经济进步并

---

① （德）弗里德里希·恩格斯．反杜林论［M］．北京：中央编译出版社，2022.6

不同时出现在所有地方，而一旦出现在某处，巨大的动力将会使得经济增长围绕最初的增长点集中。在经济发展过程中，往往一个或几个区域实力中心首先得到发展，增长点或增长极的出现必然意味着增长在国际或区域间的不平衡，这是增长本身不可避免的伴生物和前提条件。不发达区域应集中有限资源和资本首先发展一部分产业，以此为动力逐步扩大对其他产业的投资，带动其他产业的发展。

（2）区域非均衡增长中的两种效应。第一，极化效应的产生是由于发达区域高工资、高利润、高效率及完善的生产和投资环境不断吸引落后区域的资本、技术和人才，从而使落后区域的经济趋于萎缩，区域间经济发展差距也随之日益扩大。

第二，涓滴效应的产生，则主要是通过发达区域对落后区域的购买力或投资增加以及落后区域向发达区域移民而提高落后区域边际劳动生产率和人均消费水平，以缩小两者间的差距。

（3）结论。在投资资源有限的情况下，经济发展应当实行不平衡增长战略。即首先集中资本投资于直接生产性活动部门，获得投资收益，增加产出和投入，待直接生产性部门发展到相当水平后，再利用一部分收入投资于基础部门，推动其增长。并应利用联系效应，选择具有显著前向联系效应和后向联系效应的产业，联系效应最大的产业就是产品需求收入弹性和价格弹性最大的产业，在发展中国家通常为进口替代产业。

在赫希曼看来，涓滴效应与极化效应相比，涓滴效应终究将会占据优势，当经由涓滴效应和极化效应显示的市场力量导致极化效应占暂时优势时，可通过国家干预政策（公共投资的区域分配政策）有效地矫正此种情势。

2. 循环累积因果论

新古典主义经济发展理论认为，生产要素在地区、部门之间自由流动，工资、利润由劳动力、资本的供求运动自动趋于均衡。因而，市场机制的自发调节可以实现资源的最优配置，达到经济均衡发展的目标。瑞典经济学家缪尔达尔认为这一观点与经济发展的实际不相符。

缪尔达尔将循环累积因果理论运用于区域经济发展，指出市场的力量通常是倾向于增加而不是减少区域间的差异，由于集聚经济效应，发达地区在市场机制作用下，会处于持续、累积的加速增长之中，并同时产生扩散效应和回流效应。在区域经济增长过程中，由于市场机制的存在，扩散效应比回流效应要小得多。在扩散和回流这两种力量悬殊的运动过程中，发达地区的经济增长呈现出一种不断上升的景象，而欠发达地区的经济则出现不断下降的趋势，即发达地区因其发达而愈加发达，欠发达地区因其欠发达而愈加落后。因此，一个区域的持续经济增长，是以牺牲其他区域的利益为代价的。

如果只听凭市场力量发挥作用，而不受任何的政策干预，那么循环累积因果的发展结果，将导致地理空间上的二元经济结构差距扩大。逐渐扩大的地区间差距，不仅阻碍落后地区的发展，而且还可能使整个经济增长放慢。

在动态非均衡分析基础上，缪尔达尔提出了区域经济发展的政策主张，即在经济发展的初期，应采取非均衡发展战略，优先发展有较强增长势头的地区，以取得较好的投资效益和较快的增长速度。通过这类地区的扩散效应带动其他地区的发展。当经济发展到一定水平时，为了避免贫富差距的无限扩大，政府应制定一系列特殊政策来刺激落后地区的发展，以缩小地区差距。

3．“倒 U 形”学说

1965 年，美国经济学家威廉姆森以实证研究方法分析了世界上 24 个国家区域经济发展的指标后，提出了“倒 U 形”区域经济发展规律。

（1）研究思路。威廉姆森首先收集 1940—1961 年世界上 24 个国家的区域所得、人口资料，以计算各国的区域不平衡指标。他通过进行横断面分析的比较结果发现：经济发展较成熟的国家（如美国、英国、瑞典等），其区域间的不平衡程度较小，而中等收入国家（如巴西、哥伦比亚、西班牙等）则因为正处于经济起飞阶段，区域不平衡程度极大。其次，对 10 个国家进行时间序列分析，以揭示单个国家区域收入差异的变化趋势。从结果可以看出，大多数发达国家，其区域间不平衡程度多经历了递增、稳定和下降三个阶段。

（2）主要观点。在一个国家内，当经济发展处于初期阶段时，区域增长是不平衡的，区域经济差异一般不是很大；随着国家经济整体发展速度的加快，区域之间的经济差异就会随之扩大；当国家的经济发展达到一个相对高的水平时，区域之间的经济差异扩大趋势就会减缓，继而停止；在经济发展的成熟阶段，区域之间的差异就会呈现缩小的趋势。从长期看，区域增长趋向均衡。这样，地区经济差异与国家的经济发展水平变化在形状上像倒写的“U”字，故称为“倒U形”理论。

总之，非均衡增长理论主要根据区域经济不平衡发展的客观规律，并针对均衡发展理论存在的问题，强调不发达地区不具备产业和地域全面增长的资金和其他资源（如人才、技术、原材料等），因而理论上的均衡增长是不可能的。区域经济非均衡增长理论顺应了区域经济成长的一般规律，在不同时期在生产力布局的决策上要选择支配全局的少数发展条件较好的重点部门、重点地区或地带实行重点开发，逐步实现由不平衡到相对平衡的转变。区域经济成长从不平衡到相对平衡的演变过程是极化效应和扩散效应相互作用、相互转化的结果。在区域成长的初期，极化效应较扩散效应显著，区域经济差距呈拉大趋势，这种不平衡表现在生产要素首先集中在少数点或地区（增长极）上，可以获得较好的效益和发展。在区域成长后期，扩散效应变得更为重要，集聚经济向周围扩散渗透，并导致区域经济差异的进一步缩小。

事实上，均衡发展理论与非均衡发展理论并不像表面上看起来的那样各执一端，互不相容，两者也有统一的一面，只是侧重点不同而已。均衡与非均衡是贯穿于区域经济发展过程中的矛盾统一体，它们相互交替，不断推动区域系统从低层次向高层次演化。

（三）区域可持续发展理论

1. 可持续发展的基本内涵

可持续发展的定义是：既满足当代人的需要，又不对后代人满足其需要的能力构成危害的发展。其核心思想是：健康的经济发展应建立在生态可持续能力、社会公正和人民积极参与自身发展决策的基础上。它所追求的目标是既要使人类的各种需要得到满足、个人得到充分发展，又要保护资源和生态环境，不对后代人的生存和发展构成威胁。

可持续发展的基本内涵应包括四个方面：第一，发展的内涵既包括经济发展，也包括社会发展和保持、建设良好的生态环境。经济发展和社会进步的持续性与维持良好的生态环境密切相连。经济发展应包含数量的增长和质量的提高两部分。数量的增长是有限度的，而依靠科学技术进步提高发展的经济、社会、生态效益才是可以持续的。第二，自然资源的永续利用是保障社会经济可持续发展的物质基础。可持续发展主要依赖于可再生资源特别是生物资源的永续性。必须努力保持自然生态环境，维护地球的生命支持体系，保护生物的多样性。第三，自然生态环境是人类生存和社会经济发展的物质基础，可持续发展就是谋求实现社会经济与环境的协调发展和维持新的平衡。第四，控制人口增长与消除贫困，是与保护生态环境密切相关的重大问题。

可持续发展思想符合经济、社会、生态环境系统相互联系、相互作用和相互制约的内在关系和要求，是符合人类和自然界发展规律的科学的新发展观。

2．区域可持续发展

区域可持续发展是指应用生态经济学的原理方法，寻求区域经济发展与其环境之间的最适合关系，以实现区域经济与人口、资源、环境之间保持和谐、高效、优化、有序的发展。它的实质是在区域经济发展过程中要兼顾局部利益和全局利益，当前利益与长远利益，要充分考虑到区域自然资源的长期供给能力和生态环境的长期承受能力，在确保区域社会经济获得稳定增长、发展的同时，谋求区域人口增长得到有效的控制、自然资源得到合理开发利用、生态环境保持良性循环发展。可以说，区域可持续发展是区域经济发展的最高阶段。

区域可持续发展系统的构成是十分复杂的，它包括人类社会本身以及与人类社会有关的各种基本要素、关系和行为。根据其基本特点，可以把区域可持续发展系统概括为人口、资源、环境、经济和社会五个子系统。

第一，人口系统。人口系统是区域可持续发展系统的主体。加强科技教育，控制人口数量，提高人口素质，是实现区域可持续发展的关键。

第二，资源系统。资源系统是区域可持续发展系统的物质基础。合理地开发和利用资源是经济可持续发展的前提。

第三，环境系统。环境系统是区域可持续发展系统的重要组成部分。环境保护是可持续发展的必要条件，环境质量的好坏是可持续发展与非可持续发展的重要区别。

第四，经济系统。经济系统是区域可持续发展系统的核心内容。区域可持续发展首先是经济发展，只有经济发展才是解决资源和环境问题的根本手段。

第五，社会系统。实现社会的可持续发展是区域可持续发展的最高目标。社会系统的质量是人口、资源、环境和经济各子系统实现协调发展的关键。合理的政治体制、稳定的社会环境等因素是实现区域可持续发展的保证。

3．区域可持续发展的识别标志

第一，区域人口数量。区域人口的出生率与死亡率应达到并保持基本的平衡。

第二，区域人均综合财富保持稳定并逐步增加。据世界银行报告，综合财富包括自然财富（如土地资源、水资源、矿产资源、生物资源等）、生产财富（如工矿设施、基础建设、固定资产等）、人力财富（如教育水准、科技能力、管理水平等）、社会财富（如社会有序、社会保障、组织能力等）。

第三，区域科技进步。区域科技进步的贡献率应当抵消或克服投资的边际效益递减率。

第四，区域资源要素。主要指标包括区域内的森林的采伐率与营造率之间保持基本平衡、草原的牧养量与载畜能力保持基本一致、地下水的抽取量与补给量保持稳定的动态平衡、耗竭性资源开采量与探明储量间的动态平衡。

第五，区域环境演化。主要指区域人类活动与环境的协调，识别指标有人为的温室气体的产生率与环境中的固定率在长时期内保持平衡，避免全球变暖现象加剧；环境污染源的物质排放量与环境自净能力基本平衡。

第六，区域社会管理。一是要在效率与公正之间寻找均衡点与结合点，二是要在环境与发展之间寻求某种积极的均衡，并设计定量监控指标。

四、经济地理理论

全球化发展使人们对经济地理学的兴趣日益增加，经济地理学的研究不断深入和丰富。在过去的三十多年里，经济地理学经历了某种意义上的复兴，包括理论基础的充实、研究方法的丰富以及经验研究范围的拓展。20 世纪 90 年代末期以来，地理学家将研究重点转向社会转型理论和文化转型理论，经济地理学由此经历了文化转向、制度转向、关系转向和尺度转向。以克鲁格曼为代表的西方经济学家开始对地理或空间产生浓厚的兴趣，并将其引入主流经济学，他们在“重新发现经济地理学”方面的工作被称为“新经济地理学”的来临。

（一）新经济地理学

“在哪里生产”是社会如何管理自己的稀缺资源时不得不面临的基本问题。新经济地理学假设市场结构是给定的，且是不完全竞争的；新经济地理学认为宏观层面的集聚经济发生在于微观层面的企业和消费者区位选择的结果；新经济地理学是静态的均衡分析方法。

20 世纪 50 年代，阿罗—德布鲁利用复杂的数学工具“角谷不动点定理”证明了竞争性一般均衡存在。之后，在一般均衡框架中如何纳入地理空间因素，就迅速成为学界争论的焦点，并逐渐形成了针锋相对的新古典和艾萨德两派。新古典派认为，空间因素可以视为商品属性的一个变量纳入一般均衡分析，而艾萨德派则认为，为了抓住空间对经济系统的本质影响，需要一种全新的模型。1978 年，斯塔雷特提出了空间不可能定理，即在存在运输成本的情况下，且空间是均匀的，不存在包含运输成本的竞争性均衡，由此给出了上述争论的科学结论，即根据空间不可能定理，将空间因素融入一般均衡框架的途径至少包括空间异质、外部性以及不完全竞争三个层面。其中，比较优势理论、要素禀赋理论、杜能区位论、阿隆索的单中心城市模型，经由空间异质性途径，在完全竞争框架中尝试让空间因素融入一般均衡框架之中。亨德森的城市体系模型通过直接假定生产的外部性，卢卡斯和汉斯伯格的城市模型证明了在一个企业和住户任意分布的圆形城市中存在对称均衡的可能性，这些模型均在完全竞争框架内通过外部性的途径考虑了空间因素。然而，在空间异质性模型中，比较优势论、要素禀赋论忽视规模报酬递增、运输成本，杜能区位论和单中心城市模型将城市作为外生变量，本质上是局部均衡的，外部性模型也忽视了厂商层面的规模经济。为了处理厂商层面的规模经济，就不得不在不完全竞争框架中进行。贝克曼在企业报酬递增和与邻近企业进行寡头竞争的条件下，最先完整严密地揭示了均衡时企业数量如何取决于内部规模报酬递增和运输费用之间的权衡问题。

1977 年，迪克西特—斯蒂格利茨把规模报酬递增和垄断竞争纳入统一的框架中，建立了在规模经济和多样化消费者之间的两难选择中如何实现的一般均衡模型。这一工作引起了贸易增长和经济地理理论的革命。1991 年，保罗·克鲁格曼在迪克西特－斯蒂格利茨模型 (Dixit–Stiglitz, 简称 D–S 模型) 中加入空间因素，构建了“中心外围”模型，这标志着新经济地理学的诞生。之后，他相继提出和发展了自由资本模型（FullyConnectedlayer，简称 FC 模型）、自由企业家模型（Footloose Entrepreneurs，简称 FE 模型）、资本创造模型（Constructed Capital Model，简称 CC 模型）、核心—边缘垂直联系模型（Core–Periphery Vertical Linkage Mode，简称 CPVL 模型）、自由资本垂直联系模型（Free Capital Vertical Linkage Model，简称 FCVL 模型）、自由企业家模型（Free Entrepreneur Vertical Linkages Model，简称 FEVL 模型）、全域溢出模型（Gaussian Splatting，简称 GS 模型）、局域溢出模型（Local Spillover Mode，简称 LS 模型）、线性自由资本模型（Linear Footloose Capital Model，简称 LFC 模型）、线性自由企业家模型（Linear Free Entrepreneur Model，LFE 模型）和新经济地理学城市模型。经过多年的发展，新经济地理学已趋于完善和成熟。新经济地理学是当代地理学与经济融合最杰出的桥梁，对经济地理学产生了巨大而深远的影响。

（二）制度经济地理学

经济地理学的制度转向可以被认为是制度主义在地理学中的一次成功运用。制度经济地理学认为，经济行为的差异很大程度上源于区域制度的不同。区域制度的差异可以以组织管理和企业化的形式存在于企业中，也可以以法律框架、非正式规则、政策、价值和准则等形式存在于区域层面中。这些差异导致企业利润、区域经济增长率和地区收入分配等的差异，进而进一步导致经济行为体的空间分布差异。为此制度经济地理学必须以假设真实的地理空间为研究前提，因为只有真实的地理空间才有不同的制度，不同制度影响着不同区域经济行为体的决策。所以制度经济地理学假设经济行为体是有限理性的，它们的决策依赖于惯例和制度。由此决定了经济行为体并不能简单假设一个具有代表性的个体，行为体在决策过程中并不是一味追求效用最大化，它们本身并不能做到这一点。由于每个区域的制度、经济行为体都是不相同的，那么就很难采用标准的模型去刻画行为体和区域制度，采用正式模型的方法是不适合的，而是更多地采用案例研究，遵循从宏观区域制度到微观企业的分析思路，通过归纳推理得出具有普遍性的经济地理规律。经济地理学家们在应用这些不同的制度理论观点时，已经探索性地建立了自己的、具体的空间概念。

“制度空间”是指具体的地理区，在这里构建了特定的制度而且该制度拥有有效范围或影响空间，这样就可以定义制度空间的等级，从超国家制度空间（如国际性的贸易规则），经过国家级的制度空间（如每个国家的福利系统等），到区域和地方的制度空间（如地方政府结构）。“嵌套性”就是指各地不同制度空间的组合、相互作用以及联结模式。这样，在同一个国家经济空间内，当人们从一个区域到另一个区域时，不仅可以感受到制度嵌套性变化的详细情况，还可以感受到它们的相互作用。正是在这层意义上，人们可以谈论不同的“地方制度体制”。制度体制在国家级层面上的差异是导致国家在经济组织、发展和增长动力方面出现差异的一个关键因素。国家内部区域之间甚至是地方之间也存在制度体制的重要差异。经济地理学家利用“制度厚度”概念去认识这些差异。

阿明和斯里夫特定义的“制度厚度”有四个重要的构成部分：一是以制度安排（企业、地方权威、金融机构等）的形式存在着的强大的制度。二是这些制度之间高强度的相互作用，以促进相互的网络化合作和交换，从而在地方制度安排的整体中产生一个高度的相互同构现象。三是为了最大限度地降低地方主义和制度间的冲突，制度厚度必须依赖那些成熟的统治、联盟构建和集体再现的结构。四是包容性和集体动员的观点，也就是共同目标的出现，即区域或地方社会经济的发展得到广泛认同的议程或计划的共同目标。

（三）演化经济地理学

演化方法假设行为体是有限理性、行为体异质和行为受惯例影响并不是追求效用最大化假设。演化方法则认为市场结构是由企业进入、退出和创新等导致的内生演化的结果。在产业发展的早期阶段，许多企业可以自由进入，市场结构是一种完全竞争。而随着企业发展以及组织管理和制度的不断完善，有些企业将因为组织管理不适面临重重困难而退出，而另外一些新企业进入也面临早期发展较好的企业的竞争和制度的约束，这时市场结构将是不完全竞争。

演化方法则遵循从微观层面的企业组织管理到中观层面的产业和网络的空间演化得出宏观层面的集聚经济。演化经济地理学采用的是动态演化方法。演化经济地理学基础理论的建构主要来源于两个学科，即演化经济学和复杂性科学。一方面，演化经济地理学借鉴演化经济学中的核心概念，如选择、路径依赖、机会和报酬递增等应用在经济地理学中的核心主题上，从微观、中观和宏观层面的经验研究出发，以此来解释区域环境的空间特性对技术变革的新变化形式的潜在影响和“新奇”如何影响空间系统的长期演化。另一方面，演化经济地理学吸收复杂性科学思想，把经济景观看成一个复杂自适应系统，以此来建构一个演化的经济地理科学。

当前基于复杂性科学理论建构一个演化经济地理学，需要特别关注如下几个核心问题：一是关于演化经济地理学的本体论。二是在研究方法论上更应该倾向于复杂的社会本体论的方法，而不是目前主导的复杂性科学的模型方法。三是不管在理论还是经验研究上都必须清晰地界定空间性与复杂性之间的联系；四是出现的空间结构和特征不论是结果还是其本身都是一个复杂的系统。

演化经济地理学与制度经济地理学难以区分的原因之一或许是它们在很多方面是相同的，如都拒绝效用最大和均衡分析，重视制度在经济发展中的作用。然而演化经济地理学对制度经济地理学的批判和发展就是围绕制度展开，甚至一些相当有影响的演化研究案例中并没有考虑制度的作用。因为从演化视角来看，经济地理学中的制度方法主要存在以下两个问题：

第一，即使演化主义认识到制度存在的重要性，但是认为这种制度对决定企业行为和产业动态化是松散的。因为即使企业存在于同样的区域制度中，但是集群中的企业之间的地方化网络的联系程度是不均匀的。一些集群企业与当地的知识网络联系紧密，而其他一些联系则很弱甚至根本没有联系，所以大部分制度对企业来说是无约束性的或者在企业层面来讲具体的影响差异是非常大的。另外，一个单一部门的企业可以在不同的区域使用相同的一组惯例，而不必拒绝接受地方化的环境也说明了同样的问题。所以，对企业来说，组织管理比制度更加重要，企业自身发展的组织管理是构成其竞争优势的一个主要因素。

第二，演化主义学者强调部门制度的重要性。部门制度能够通过供应链和跨区域协调经济和创新行为。在许多部门中，具体制度是在处理产品质量、价格、工资的确定、进入需求、技术标准和津贴等中重新发展起来的，是隶属于部门的，而且难以复制。为此，演化经济地理学转向企业的组织管理，采取从微观企业组织管理到宏观的研究思路。

由于演化经济地理学是从企业本身的组织管理出发作为研究的起点，这并不需要假设真实的地理空间作为研究前提，而是一种中性的空间，这有别于制度经济地理学，这种选择具有理论上的原因，而不是因为选择采用模型的方法而作的简化。演化经济地理学认为地方特性（如地方制度）并不决定新部门的区位，在新部门发展的早期阶段，环境的影响是非常小的。随着时间的推移，越来越多部门的建立和部门结构网络的形成，中性空间开始转变成真实的空间。因为新部门的建立、发展以及部门结构网络的形成会导致路径依赖，并引起制度的改变或调整。由此导致新建立的制度支持经济行为体的发展，而不是如制度方法认为的在一开始就决定部门的区位。故演化方法和制度方法在经济地理学中的差异就是组织管理与区域制度之间的差异。演化经济地理学认为企业为了市场份额的竞争是基于过去建立和发展完善的具体惯例，而不是区域制度。组织管理与区域制度是正交的，但是两者可以统一在一个动态的框架中，在这个框架内制度和组织管理共同演化，特别是在新出现的产业中。为此，演化经济地理学须采用正规模型的方法进行动态演绎推理，而不是制度方法的静态分析。当然演化经济地理学也并不排斥案例研究，归纳推理的方法不可或缺。

（四）“新”新经济地理学——空间经济学的新方向

新经济地理学研究区域途径无不以代表性微观主体行为分析为特征，自觉或不自觉地假定了企业之间、个人之间是同质的。在这种假定下，产业内任何企业或个人的区位选择，在一定的地理和市场环境下都是相近的，经济活动空间分布仅仅被解释为环境的产物。因而，上述途径不仅停留在中观的产业层面，而且都是“环境决定论”。然而，在现实的经济地理世界中，同一产业内的不同企业之间、劳动者之间以及消费者之间存在显著差异，在同样的地理和市场环境下，它们的区位选择是不尽相同的。从这一角度讲，经济活动的空间分布是微观主体和环境互动的结果。因此，为了理解和把握经济地理的规律，必须深入微观的企业层面，重视和考虑微观主体异质性的作用。

“新”新经济地理学的基本思路是在集聚效应和选择效应的综合作用下，异质性微观主体（企业、消费者、劳动力）会通过渐进式自组织方式逐步达到均衡稳定的空间结构，而一旦外部环境发生变化时（诸如交通条件、生产技术、人口规模、工业化程度等），原有均衡稳定的空间结构会被打破，系统重新在集聚效应和选择效应的综合作用下以渐进式自组织方式达到新的均衡稳定的空间结构。显然，与新经济地理学相比较，其特别之处主要是空间选择效应和渐进式空间自组织。

1．空间选择效应

按照新经济地理学，地区之间生产率和发展水平的差距源于经济活动空间集聚带来的成本降低和效率提高。其中，空间集聚机理包括基于需求关联的市场接近效应、成本关联的生活成本效应和市场拥挤效应。市场接近效应、生活成本效应组成集聚力促使企业空间集聚，市场拥挤效应形成分散力促使企业分散。“新”新经济地理学则认为，新经济地理学夸大了集聚经济的作用，地区之间生产率和发展水平的差距还来源于异质性微观主体的空间选择效应。微观主体的空间选择效应是市场竞争优胜劣汰的结果，这种空间主动选择行为在不同的模型框架、不同的市场规模和不同的贸易条件下会表现出不同的特征，但主要包括正向空间选择效应和逆向空间选择效应两类，即具有“双向选择效应”。

就正向空间选择效应而言，从异质性企业来看，研究发现，高生产率企业倾向于选择在核心地区，而低生产率企业一般选择在边缘地区，这主要是因为市场规模较大的区域存在激烈的竞争，高生产率企业具有更低的边际生产成本而能够在激烈的竞争中生存下来并且出售更多的产品，所以高生产率企业选择布局在核心区以占领更多的市场份额；而低生产率企业为了避免竞争，选择布局在边缘区，力求通过运输成本等壁垒来维持市场份额。

对于异质性消费者，研究发现，偏好较强的消费者倾向于选择在核心地区；而微观异质性劳动力会根据个人技能禀赋进行自主区位选择。一般来说，高技能劳动力倾向于核心区域，而低技能劳动力倾向于边缘地区，人才向大城市集中会吸引高效率企业选择大城市，高效率企业则会吸引高技能人才选择大城市，这与哈佛大学经济学教授格莱泽消费者城市理论的结论是一致的。

就逆向空间选择效应而言，目前的研究主要体现在企业层面，研究发现，在特定市场环境中，高生产率企业会选择在边缘地区，而低生产率企业选择在核心地区，高生产率企业迁移会导致更严重的竞争进而对聚集望而却步。因此，最先迁移的是低生产率企业，而低效率企业在区位选择上更自由。这就说明，集聚效应，导致地区间生产率的差距，进而引起进一步的聚集。但反过来，地区间生产率的差别、空间的集聚并不一定至少并不全是集聚效应的结果，因此从这个角度来说，新经济地理学夸大了集聚效应的作用。

考察企业异质性在集聚过程中的作用和集聚对区域经济发展的影响，发现不同企业随市场选择而发生分离，生产率较高的企业倾向于向发达的核心地区发展，而生产率较低的企业由于自身竞争能力因素倾向于迁移到不发达的边缘地区生存。不仅如此，由于核心地区都是具有较高生产率的企业集聚区，大多数企业都有出口和内销的能力，更需要市场关联的专业化运作，所以核心区域的产业多样化和市场规模庞大是吸引高效率企业的关键因素，而这些因素都是边缘地区所不能提供的。

2．渐进式空间自组织

渐进式空间自组织是新经济地理学中的一个重要概念，它解释了经济活动如何通过渐进的、内生的动态过程在空间上形成特定的结构和分布。这一理论强调了空间中的经济组织不是由外部力量一次性规划或主导的，而是通过多种因素的相互作用逐步形成。渐进式空间自组织的核心观点是经济系统在不断的反馈和适应中，基于个体或企业的自主行为逐步优化资源配置、市场网络和生产布局。这一过程是动态的、复杂的，且具备自我调整的特征。

渐进式空间自组织的关键在于企业和劳动者的区位选择。在区域经济的发展中，企业和劳动者通常根据市场机会、成本效益、资源分布和政策支持等多方面因素选择最优的地理位置。随着更多企业和个体的选择，区域内的资源和产业集聚开始逐步形成。这一集聚过程是渐进的，因为经济主体的选择会受到之前已有的空间布局的影响，同时这些选择也会反过来影响空间的经济结构。

随着企业和产业在空间上的分布变化，市场网络也会随之调整和优化。在一个区域内，企业之间的生产和销售网络并不是一开始就固定的，而是在生产合作、市场竞争以及资源整合的过程中逐渐优化。企业往往通过合作建立供应链网络，从而形成一个更高效的经济体系。例如，制造企业可能与附近的原材料供应商建立更紧密的关系，从而降低运输成本并提高生产效率。这种市场网络的调整过程不是一蹴而就的，而是通过长期的市场互动逐步形成。尽管自组织理论强调经济活动的内生动态过程，但外部政策环境和基础设施的改善可以大大加速空间自组织的过程。政府通过提供适宜的政策支持和基础设施建设，可以吸引企业和劳动力向特定区域集聚。例如，在某些新兴经济区，政府通过优惠的税收政策、完善的交通和通信网络，以及其他公共服务设施的建设，使得该区域具备了更高的吸引力，企业在此区域的集聚速度也随之加快。然而，这种外部干预并非是直接强制性的，而是通过改善条件，为企业和劳动力的空间选择提供了更多的可能性，从而促进了渐进式空间自组织的实现。同时，空间上的经济分异和均衡也是渐进式空间自组织的一个重要特征。在区域经济的初期阶段，企业和人口通常倾向于集中在资源丰富、市场活跃的大城市或经济中心。然而，随着经济发展，过度集中的经济活动可能导致成本上升、交通拥堵、环境恶化等问题，进而促使企业和劳动者重新考虑区位选择。此时，这种自反馈机制是渐进式自组织的重要驱动力，它确保了空间中的经济活动始终处于动态调整中。

第二章　区域经济的结构导向

第一节　区域产业结构变化

一、产业结构的分类

产业结构是指各产业部门之间量的比例及其相互结合、相互依存的关系。从现代经济的发展来看，产业部门已突破了物质生产领域，涵盖全部国民经济活动的方方面面。因此，产业结构成为一个国家和地区经济结构中最基本、最具代表性的结构关系。关于产业结构的分类，可以从不同的角度来进行。常见的分类方法有以下五种：

（一）按生产部门划分

按传统经济理论，将国民经济划分为五大产业部门：农业、工业、建筑业、运输邮电业和商业饮食业。由于它只考虑物质生产和流通领域，没有考虑科学文化等精神文明领域，这种分类方法有较大的局限性。

（二）按产品使用划分

按产品的用途，将全部物质产业部门分成两大类：生产初级产品和中间产品的产业划作上游产业；而生产最终产品的产业则划作下游产业。二者之间并无严格区分，只是针对不同的经济活动而言。一般来说，上游产业的“前向联系度”较高，下游产业的“后向联系度”较高。

（三）按经济功能划分

按经济功能和市场不同，把产业部门分成两大类：主要满足城市外部市场需要的产业为输出产业（或叫基础产业）；主要满足城市内部市场需要的产业为地方产业（或叫非基础产业）。对于区域经济发展来说，输出产业是起主导作用的动因，处于支配地位，因为它是区域从其外部获取资源的主要手段；地方产业则是支撑前者存在与发展的条件，处于从属地位。输出产业与地方产业反映了区域经济的二重性，即对外功能与对内功能的统一。

（四）按生产要素划分

根据各生产要素在不同产业部门中的密集程度和不同比例，把它们分成三大类：凡单位劳动力占用资金较少、资本有机构成和技术装备水平较低、需要投入劳动力较多、单位成本中劳动消耗所占比重较大的产业，称为劳动密集型产业，如服装、皮革、饮食业等；凡投资比较集中、资本有机构成高而所需劳动力较少的产业，称为资金密集型产业，如石油、化工、钢铁、机械制造业等；凡生产过程机械化、自动化程度和技术层级较高且对知识人才素质要求较严的产业，称为技术密集型产业（或知识密集型产业），如电子、航天、生物工程等行业。

（五）按三次产业划分

将所有产业部门划分为第一产业、第二产业、第三产业三大类。这是当前国际上最通用也最全面的划分产业结构的权威方法。其优点在于不仅涵盖了人类物质文明的生产与流通领域，也包括人类精神文明的创造与传播领域，涉及经济与社会发展的各个层面，且概念明晰、界定严格，不会发生混淆。人类生产活动的发展和劳动力的流动，都是从第一产业、第二产业到第三产业。

通常，人们都以第三产业占三次产业的比例，作为一国现代化的重要标志，这个比例越高，说明国家经济越发达。

二、区域产业结构演进理论

国内外学者采用理论研究与实证分析相结合的方法对产业结构的演变规律进行大量研究，总结出许多相关的理论。

（一）配第—克拉克定理

17 世纪英国经济学家威廉·配第研究当时欧洲社会的生产和收入情况，通过对不同产业劳动者收入差异的描述，揭示产业间收入相对差异的规律性，得出结论：由于当时荷兰大部分人口从事制造业和商业，因此人均收入要高丁欧洲其他国家。经济学家克拉克搜集和整理若干国家按照年代的推移，劳动力在第一、二、三产业之间移动的统计资料，总结出：随着经济发展和人均国民收入的提高，劳动力首先由第一产业向第二产业移动，当人均国民收入水平进一步提高时，劳动力便向第三产业移动；经济越发展，国民收入水平越提高时，劳动力在三次产业间的分布状况是第一产业日益减少，第二、第三产业，尤其是第三产业劳动力将不断增加。克拉克认为，劳动力从第一产业转向第二、第三产业的原因是在经济发展过程中，由不同产业出现收入（附加值）的相对差异造成的。劳动力总是由低收入的产业向高收入的产业转移，人均国民收入水平越高的国家，农业劳动力在全部劳动力中所占的比重相对就越小，而第二、第三产业中劳动力所占的比重相对来说就越大；反之，人均国民收入水平越低的国家，农业劳动力所占比重相对越大，而第二、第三产业劳动力所占比重相对越小。两位学者阐述经济发展同产业结构中劳动力结构演变关系的结论合称为配第 - 克拉克定理。

（二）库兹涅茨的产业结构演变规律

美国经济学家库兹涅茨在继承克拉克研究成果的基础上，对产业结构的演变规律作了进一步探讨。他从劳动力和国民收入在各产业间的分布变化两个方面，对产业结构的变化作了分析研究，并分别把三次产业称为“农业部门”（包括农、林、渔业等）、“工业部门”（包括矿业、制造业、建筑业、电力、煤气、供水、运输、邮电等）和“服务部门”（包括商业、银行、保险、不动产业、政府机关、国防及其他服务产业）。根据对各产业中相对国民收入变化趋势的分析，得出如下结论：

农业部门实现的国民收入在整个国民收入中的比重，以及农业劳动力在全部劳动力中的比重，随着时间的推移不断下降。

工业部门实现的国民收入在整个国民收入中的比重，大体是上升的；工业部门劳动力的比重则大体不变或略有上升。

第三产业（服务业）实现的国民收入一般较难确定，甚至可能表现出下降趋势，但劳动力的比重几乎在所有国家都是呈上升趋势，说明服务业具有很强的劳动力吸附特性，但服务业的劳动生产率提高并不快。

（三）霍夫曼定理

德国经济学家霍夫曼在“配第—克拉克定理”和库兹涅茨的产业结构演变规律的基础上，提出霍夫曼定理，用来描述一个国家走上工业化的过程和动因。

霍夫曼的工业产业分类。霍夫曼把工业产业分为三大类：一是消费资料产业，包括食品工业、纺织工业、皮革工业、家具工业等。二是资本资料产业，包括冶金业、运输机械工业、一般机械工业、化学工业等。三是其他产业，包括橡胶工业、木材工业、造纸工业、印刷工业等。这种分类目的在于研究消费资料产业与资本资料产业的关系。

霍夫曼系数。霍夫曼研究发现，随着经济发展进程中的工业化推进，消费品部门与资本品部门产值之比是逐渐趋于下降的。据此，他认为，衡量经济发展的标准是“消费品部门与资本品部门之间净产值的比例”（这个比例称为“霍夫曼系数”）。

霍夫曼系数（H）= 消费品工业的净产值 / 资本品工业的净产值

霍夫曼定理指的就是霍夫曼所论证的在工业化过程中霍夫曼系数不断下降

的趋势。根据这一趋势，霍夫曼把工业化的过程分为四个阶段。霍夫曼认为，在工业化的第一阶段中，消费资料工业的生产在制造业中占有统治地位，资本资料工业的生产是不发达的；在工业化的第二阶段中，与消费资料工业相比，资本资料工业获得较快的发展，但消费资料工业的规模，显然还比资本资料工业的规模大很多；在工业化的第三阶段中，消费资料工业和资本资料工业的规模达到大致相等状况；在工业化的第四阶段中，资本资料工业的规模将大于消费资料工业的规模。

三、区域产业结构优化升级

（一）产业结构合理化

1. 产业结构合理化概念

产业结构合理化就是指各产业之间及其内部具有较高的聚合质量，能促进产业结构的动态均衡和产业整体素质的提高，是以协调为主要特征的，是经济发展的一个重要的经济理论基础。

2. 产业结构合理化的评价标准

一个国家或地区的产业结构是否合理，可以从以下方面判定：

以“标准产业结构”为参照系数判定。一些经济学家在总结大量历史数据的基础上，通过回归分析得到能大致反映产业结构演变一般规律的所谓产业结构的“标准结构”，如库兹涅茨的“经济发展不同阶段的产业标准结构”、钱纳里的“产业结构标准模式”“钱纳里—赛尔昆模型”等。将一国的产业结构与经济学家测算的“标准结构”进行对比，可以检验一国或地区的产业结构高度化程度，当然也可作为判断产业结构的合理化程度的参照标准。这种以“标准结构”为参照的判断能大致反映结构的状况，但要注意不能把它作为唯一的判断标准。各国具体国情不同，对产业结构状况具体要求也不尽相同。

以对市场需求的适应程度作为判断标准。在市场经济条件下，一切经济活动都围绕对需求的满足展开，需求的满足包括总量上与结构上的满足。如果产业结构状况与需求结构相适应，这种结构就是合理的；反之，则是不合理的。

3．产业结构合理化的意义

产业结构合理化是国民经济增长的客观要求，是经济发展的重要内容之一。

产业结构合理化是经济协调增长的客观要求。经济协调增长就是资源在国民经济各部门之间的合理组合，在密切联系过程中追寻全面发展的过程。只有产业之间具有协调的联系方式，各产业之间才能产生合理的关联效应，某些部门的优先发展才能带动其他产业部门的发展，并最终带动整个经济系统的发展和国民经济的平衡增长。

产业结构合理化是经济持续增长的客观要求。经济协调增长是经济发展的基础，产业结构的合理化能避免产业结构体系中的“瓶颈”与剩余，促进资源的合理配置，这是经济获得持续增长的必要前提与基础。

4．产业结构合理化的推进力量

市场机制是产业结构合理化调整的内在动力。市场化进程的推进实质上是不断地强化市场机制、实现资源优化配置的过程。研究产业结构理论在于如何适宜地推进产业结构优化，以获得经济增长和资源配置高效化。从各国经济发展历史来看，推动产业结构优化的基本力量是市场机制，市场受需求导向，引导政府行为和企业活动，成为推动产业结构调整的主要力量。

政府是产业结构合理化调整的引导者。产业结构调整的目标是实现结构的合理化。政府可采取积极的措施对结构进行合理化调整。政府在产业结构调整中的作用主要是做好预测、引导工作，如在引导投资方向、创造投资环境、制定各种政策等方面做好工作，保证结构调整沿着合理化的目标展开。

企业是产业结构合理化调整的实际执行者。产业的基础是产品，产业结构调整必须立足于产品结构的调整，而企业作为产品的生产经营者，必将成为结构调整的实际执行者，在产业结构合理化过程中具有绝对的重要地位，应确立企业在产业结构调整中的主体地位。

综上所述，从产业结构合理化的调整过程来看，主要有两类调整：一是在部门、行业之间不断进行调整、协调，使之趋于均衡的过程。二是不断打破这种均衡，寻求高一层次的合理化调整，从均衡走向不均衡，再走向均衡的过程。

（二）产业结构高度化

1．产业结构高度化概念

产业结构高度化是指产业结构系统从较低级的形式向较高级形式的转换过程，是一个动态过程、一个产业结构升级过程。产业结构高度化是一个相对概念，是针对现有的社会生产力水平而言的。产业结构高度化有一定的共同规律：一是三大产业的递进，即产业结构中占优势地位的产业从第一产业向第二产业，再向第三产业逐步演进。二是生产要素集约性差异产业的递进，即产业结构中占优势地位的产业从劳动密集型产业向资本密集型产业再向技术密集型产业逐步演进。三是产业结构从低附加值产业占主导地位向高附加值产业占主导地位演进。

2．产业结构高度化的评价标准

一国或地区的产业结构达到的经济发展水平或程度，是可以借鉴一些方法进行度量或评价的。从国际上看，主要有以下两类方法：

一是“标准结构”法。它是将本国产业结构与世界其他国家产业结构的平均高度或“标准结构”经验数据进行比较，以确定本国产业结构的高度化水平。

二是相似性系数法。它是将本国某个反映产业结构状况的经济指标（劳动力结构或产值结构）与参照国的同类产业结构指标相比较，以确定本国产业结构高度化的程度。

3．产业结构升级的动因

（1）外部环境动因。这是指环境的变化对产业结构变化提出的要求。主要表现在以下几个方面：

第一，生产要素供给状况的改进。劳动力、技术、自然资源、资金等生产要素供给在总量和结构上的改变，将影响到产业结构的运行效率和内部构成，从而对产业结构的演变起推动作用。一般来说，劳动力资源丰富的国家，劳动力费用较低，劳动密集型产业发展较快；劳动力资源稀缺的国家，劳动力费用较高，资金密集型产业发展较快。随着科学技术的进步，自然资源对产业结构的影响作用会递减：一方面是人造合成材料大量生产，对自然资源起极大的替代作用。另一方面是现有的传统材料的利用效率会随着技术的进步而提高、用途不断扩大。

第二，经济发展战略和政府产业政策。经济发展战略的重要内容是确定优先发展和限制发展的产业，并通过制定产业政策以实现产业目标。如果一个国家能够正确地认识和掌握产业结构演进规律，结合本国国情，科学选择优先发展的产业，制定相应的产业政策，则会推动产业结构沿着高度化的方向演进。

第三，国际贸易因素。国际贸易对产业结构演进的影响主要是通过国际比较利益机制来实现，积极发展对外贸易和参与国际分工，有利于从国际市场获得国内难以具备的供求条件，有利于产业结构的演进升级。

（2）内部技术创新动因。技术创新主要是指重大的技术发明创造，在所有导致产业结构变化、升级的诸因素中，技术创新对产业结构的高度化起核心作用。

技术创新导致技术变革、技术进步和新产业的产生。从产业发展的近代史看，正是重大技术创新推动产业结构的高度化，并使产业结构沿着以农业为主导向以工业为主导再向以信息产业为主导的方向不断升级。技术创新导致生产方式的变革和生产社会化程度的提高，促使生产朝着多极化、社会化、国际化的方向发展。这些发展就是产业结构高度化的本质内容和重要表现。

技术创新创造新的市场需求，能推进产业结构高度化。由于技术创新创造新的产出，新产出能够满足生产和生活中潜在的和更高层次的需求。这种新需求将刺激新产业的扩张，导致某些传统产业的收缩，从而直接拉动产业结构的升级。

（三）产业结构的合理化与高度化关系

产业结构的合理化与高度化相互渗透、相互作用，构成产业结构优化的有机整体。从静态分析来看，产业结构合理化是高度化的基础，只有在合理化的调整过程中，结构高度化才有可能实现。脱离合理化，盲目追求高度化，必然会破坏产业结构的稳定发展，只能得到没有良好经济效益的“虚高度化”。反过来，单纯追求合理化，排斥高度化，必然阻碍产业结构向更高水平的方向发展。

从动态分析来看，产业结构有序演进过程就是合理化与高度化辩证统一的过程。首先，产业结构的高度化产生于合理化。产业门类齐全，生产规模扩大，结构效益提高等达到量变才能达到质变。同时，产业结构合理化本身是不断调整产业间比例关系和提高产业间关联作用程度的过程，包含了产业结构高度化的因素。因为对产业结构的调整，无论是存量还是增量调整，都需要创新技术，提高结构效益。其次，产业结构高度化过程也是产业结构由较低水平的均衡状态向较高水平的均衡状态发展的过程。产业结构发展水平越高，其结构合理化的要求也越高。因为随着结构水平的提高，产业间的要求就更高，因此，产业结构的高度化必须以更高层次的合理化为目标。

第二节　区域主导产业选择

区域主导产业是以地区资源优势为基础，能够代表区域经济发展方向，且在一定程度上能支撑区域经济发展的产业。地区主导产业的选择以地区生产专业化为基本前提。

一、地区生产专业化

（一）地区生产专业化的概念

地区生产专业化是生产在空间上高度集中的表现形式，是指按照劳动地域分工规律，利用特定区域某类产业或产品生产的特殊有利条件，大规模、集中地发展某个行业或某类产品，向区外输出，以求最大经济效益。地区生产专业化是工业化过程中大机器发展的必然产物。大机器工业的出现为扩大生产规模、实现规模经济效益提供可能；工业化和技术进步创造现代化的交通和通信系统，降低地区之间经济联系的成本，使全国甚至全世界各地区之间可以互为原料地、互为市场，共同构成一个不可分割的经济体系。

（二）地区生产专业化部门的概念

地区生产专业化部门是指一个地区内直接或间接为外区提供商品或劳务的部门。它具有特定的区域属性，一个县的专业化产品对于一个省来说就不一定是专业化产品，甚至还需要输入。对于一个省、一个大区来说，也是一样的。

（三）地区专业化部门的判定

在区域经济学中，通常用区位商来判断一个产业是否构成地区专业化部门。区位商是指一个地区特定部门的产值在地区工业总产值中所占的比重与全国该部门产值在全国工业总产值中所占比重之间的比值。利用区位商判断产业的生产专业化状况，实际是以全国产业结构的平均值作为参照系数，假定全国各地区对产品的消费水平基本一致。当一个地区某产业或产品产值占总产值比重高于全国平均比重时，则认为该产业提供的产品或服务在满足本地区消费需求之后还有剩余，可用于输出，因而成为专业化部门。其比重比全国平均值高出越多，则可用于输出的产品也就越多，专业化水平越高。

（四）地区专业化部门专业化水平的判断

一个地区某部门专业化水平是以该部门可以用于输出部分的产值与该部门总产值之比来衡量的。

二、地区主导产业的选择与发展

所有的专业化部门在地区经济中都起着重要作用，但只有主导专业化部门才能在地区经济中起主宰作用，能带动整个地区经济的发展。

（一）地区主导产业的选择

一个专业化部门要成为地区经济发展的主导产业，必须同时具备如下四个条件：

（1）有较高的区位商或专业化水平，一般 q 值在 2 以上或专业化系数在 0.5 以上，该业的生产主要为区外服务。

（2）在地区生产中占有较大比重，能在一定程度上主宰地区经济发展。

一般而言，在选择主导产业时，地区范围大对区位商和产值比重的要求相对较低；地区范围越小，要求越高。一个城市选择主导产业要求的区位商和产值比重比大经济区要高，因为城市具有更高的外向性，而大经济区具有更强的综合性。根据各部门专业化水平的不同，我们将区位商≥ 2（或专业化系数≥ 0.5）、产值比重≥ 15% 的部门称为一级主导专业化部门，将区位商≥ 1.5（或专业化系数≥ 0.33）、产值比重≥ 10% 的部门称为二级主导专业化部门。

（3）与区内其他主要产业关联度高，二者之间的联系越广泛、越深刻，越能通过乘数效应带动整个地区经济的发展。判断一个产业与其他产业技术经济联系的密切程度通常用产业的影响力系数来表示。影响力系数和感应度系数是投入产出表的重要系数，都是反映产业间经济技术联系的指标。影响力系数中的 F 通常代表“影响力系数”（Influence Coefficient），它用于衡量一个部门对其他部门的需求拉动效应。影响力系数越大，表明该部门在经济体系中的联动效应越强，对其他部门的生产需求影响越大。

（4）能够代表区域产业发展方向，富有生命力的产业。主导产业是在较长时间内支撑、带动区域经济发展的产业，因而必须是有发展前途的、代表区域发展方向的产业。为此，应该考虑如下因素：

根据区域所处经济发展阶段选择主导产业。处于工业化前期阶段的地区，主导产业一般具有劳动、资金密集型特性，可以在轻工业领域和基础性的重工业领域选择；处于工业化中期阶段的地区，主导产业一般具有资金、技术密集型特性，可以在重工业中的深加工工业领域选择；处于工业化后期的地区，主导产业具有技术密集型及服务型特性，可以从技术密集型产业、高新技术产业及新兴服务业中选择。

根据产业发展的阶段来选择主导产业。根据产业生命周期理论，任何产业在某一地区的发展中都有规律性地经过科研创新期、发展期、成熟期和衰退期，主导产业要在科研创新期和发展期的产业中选择，其中处于科研创新期的产业可以作为潜在主导产业来加以培育。根据产业产品的收入弹性来衡量，主导产业应该是具有高收入弹性的产业，从而随着区域经济的发展，该主导产业能够拥有不断扩大的市场。

如上所述，主导产业应该是能够充分发挥地区优势、具有较高专业化水平、在区域经济中占有较大比重、能够代表区域产业发展方向的产业。

（二）地区主导产业的发展

在区域经济格局和区际关系中，主导产业是代表地区经济形象、获取地区经济利益的产业。主导产业发展的规模和水平在一定程度上决定着整个区域经济发展的规模与水平，因此，正确选择并努力发展主导产业是每个地区经济发展中的重大问题。一个地区的主导产业要得到良好的发展，至少应该注意解决如下问题：

（1）选择先进的技术武装主导产业。一个地区主导产业的发展是否成功，关键在于其技术水平和产品竞争力。作为主导产业的产品至少在全国应该是一流的，不论经济效益指标还是技术指标都应该是属于最好的，只有用最先进的技术武装的主导产业才能够在市场竞争中立于不败之地。比如，中国中西部地区选择的主导产业，受其整体发展水平所限，其主导产业所处层次可以是比较低的，但其产品仍然应该是一流的。新疆的布匹、毛线如果竞争不过沿海地区，其纺织业就很难成为主导产业。

（2）培育大型企业集团作为地区主导产业发展的载体。地区主导产业必须是在市场中富有竞争力的产业。主导产业要得到良好的发展，需要及时获得国内外同行业的最新信息，不断地实现创新和产品换代，也需要多方面跨区域的经济技术合作。一般的中小企业难以胜任，只有资金雄厚、技术先进的大型企业集团才能及时掌握国际国内技术动态，投入足够的资金进行研究与开发，从而为主导产业发展提供条件。

（3）选择具有发展潜力的幼小产业进行扶持，为未来时期主导产业的升级和更替做准备。主导产业是代表区域发展方向的产业，区域经济的发展必然要求主导产业逐步升级，要求扩散、压缩已有的技术层次较低的主导产业，扶持发展新的较高技术层次的主导产业。当新兴主导产业还不成熟，缺乏市场竞争力时，需要政府予以大力扶持，以免下一轮产业结构升级受阻。

地区主导产业总是由三部分构成：一是已经具有强大生命力并代表区域发展方向的产业，这是地区主导产业的主体部分。二是目前还有较强的生命力，但技术层次较低的产业，这是上一轮主导产业发展的延续，对于区域经济发展而言，它将在下一轮产业结构调整中逐步被淘汰。三是目前还比较幼小但技术水平高、发展潜力大并且反映区域发展趋势的产业，这是新兴的、将主宰未来时期区域经济发展的产业，地方政府应因势利导，积极支持该类产业的发展。地区主导产业三个部分的每一次更替，表明区域产业结构实现一次升级，从而区域经济发展在工业化的道路上又前进了一步。

在上述主导产业的三个部分中，前两个部分便构成区域支柱产业。可见，支柱产业是指在区域经济中占有较大比重、对支持区域经济增长具有重大作用的产业，但是它不一定能够反映区域经济发展方向，甚至其中的一部分可能在下一轮的发展中被压缩和淘汰，这就是主导产业和支柱产业的区别所在。

三、主导产业与区域经济发展

（一）主导产业升级是区域经济发展的主要动力

区域经济发展是通过产业结构升级来实现的，主导产业是区域产业的核心，主导产业的升级是实现区域整体产业结构升级的主要动力。主导产业升级可以通过两个途径来实现。

以全新的、更高技术层次的产业来替代原有产业成为新的主导产业。一般而言，新主导产业是根据工业化进程中产业结构演进的基本框架逐步形成的。比如，以工业替代农业，以重工业替代轻工业，以深加工工业替代原材料工业，以技术密集型产业替代资金密集型产业，以第三产业替代第二产业等。这些新的主导产业一旦形成，必然通过产业间的经济技术联系带动一批更先进的、技术水平更高的相关产业的发展，从而促进区域整体产业结构的升级。

在同一产业内部，通过技术进步实现产品结构的升级，或通过制度创新实现生产组织方式的重大进步，使原有主导产业大大提高劳动生产率，重新焕发出巨大的生命力和活力。另外，同一产业内的制度创新、技术进步以及生产组织方式的重大进步也可实现产业结构的升级。

（二）建立以主导产业为主体的产业结构，促进区域经济协调发展

正确处理主导产业与非主导产业之间的关系是任何地区都面临的问题。一个地区，除了发展主导产业，还应该发展如下性质的产业，以求区域经济协调发展：

与主导产业直接产生生产性和非生产性联系的产业。它包括为主导产业直接提供原材料及其他发展条件的产业，利用主导产业产品进行深加工的产业，为主导产业技术进步进行研究与开发的产业，为主导产业发展提供人才培训的教育产业以及金融业、广告业等。这些产业与主导产业一起构成地区主导产业群，主导产业群在区域经济中所占份额不低于50%。

基础设施产业。基础设施是区域内一切经济社会活动赖以进行的基本条件，是衡量区域投资环境硬件的主要指标。任何地区都需要努力发展基础设施产业，尽可能提高基础设施的技术水平和服务质量，使地区基础设施与全国甚至与世界基础设施的发展水平接轨。

为地方生产和生活提供服务的产业。它包括商业、饮食、卫生、教育等传统服务业以及旅游、娱乐、保健、保险等新兴服务业。这些产业为中小企业提供广阔的发展空间，对于扩大就业、丰富生活、活跃地方经济具有重要的作用。

第三节 区域产业布局区位

产业布局是指一个国家和地区产业各部门、各要素、各环节在地域上的动态组合与分布，是国民经济各部门发展运动规律的具体表现。产业布局理论的形成与发展是人类生产活动与科学发展到一定阶段的必然产物。最早从事这方面研究的是德国学者杜能、韦伯等，他们运用地租学说、比较成本学说等经济学研究成果创立了古典区位理论。

一、产业布局理论研究内容

产业布局理论研究主要内容有产业空间布局条件、特点、层次、机制与调控手段等。

（一）产业布局条件研究

产业布局条件是指产业布局时的外部环境，既包括物质化的硬环境，也包括非物质化的软环境。生产力发展水平决定产业布局的形式、特点和变化，这是任何社会形态下都存在的普遍规律。产业布局条件除受当时生产力发展水平及社会物质财富的生产方式制约，还受自然条件、经济地理区位及人口条件的强烈影响。

（二）产业布局特点研究

产业布局特点的研究主要包括：①各个产业由于自身的技术经济要求不同，而在布局上呈现出不同的特征。②各地区根据自身条件，扬长避短，发挥优势，形成各具特色的产业专门化。③各地区处于不同经济发展阶段而形成不同的产业结构，形成各具特色的多种产业的地域组合。

（三）产业布局层次研究

产业布局层次是指不同层次地域的产业布局具有不同的规模和规律。研究产业布局层次，既要研究全国性产业布局和地区性产业布局，也要研究产业布局在世界范围内的表现，即国际分工和国际产业转移。

（四）产业布局机制与调控手段研究

产业布局机制是指影响和决定产业空间分布与组合的各种因素之间的相互制约和作用的内在机理。产业布局机制可分为两大类：产业布局的市场机制和计划机制。产业布局的市场机制是随着资本主义制度的确立而逐步发展起来的，产业布局的市场机制的主要特点是：产业布局的主体是企业；产业布局的目标是利润最大化；产业布局的手段是经济利益导向。产业布局的计划机制主要特点是：产业布局的主体是中央政府；产业布局的目标是国家的整体利益；产业布局的手段是行政命令。

随着我国社会主义市场经济体制的建立，国家对产业布局的调控手段也发生了很大变化。主要有以下几种：①制定国家宏观的总体发展战略和各产业部门的发展战略，以立法形式通过，并严格遵守，以保证总目标的实现。②科学地划分中央和地方的经济管理权限，包括财税决策权、投资决策权、外贸管理权等。③建立强有力的调控系统，主要依靠经济杠杆，必要时采取法律措施和行政手段。

二、产业布局区位选择的基本要素

产业布局是生产存在和发展的空间形式，影响生产的各种因素也必然在相应的程度上影响生产部门的布局及效率。

（一）地理位置因素对产业布局的影响

地理位置是指地球上某一事物与其他事物的空间关系。它是对国家和地区经济发展经常产生影响的因素，能加速和延缓地区经济的发展。

（1）对农业布局的直接影响。农业是人类社会历史上最早出现并不断拓展的物质生产部门。农业生产的自然与经济再生产过程的交织和统一、强烈的时间性、对土地的依赖性等固有的特征，决定它要受到光、热、水、土等条件的严格限制。因此，地理位置决定地区农业的发展方向。同时，农业生产也受当地运输条件及其相应的市场供求制约。

（2）对工业布局的重要影响。地理位置影响自然资源的开发顺序，那些地处交通方便、距离经济发展中心较近的自然资源总是较早得到开发。因为，相比较而言，那里需要的投资少、运费低，其资源的经济价值较大，企业因协作条件好，容易获得较高的经济效益。地理位置也会影响加工工业的布局。在重工业发展之初，原材料因素曾吸引重工业当中的许多部门，如钢铁、建材等部门。在轻工业中，以农产品为原料的生产部门其产业布局一般是原料指向型。而随着运输条件的变化，原料地工业逐渐向消费区工业转变。

（二）自然因素对产业布局的影响

自然因素包括自然条件和自然资源两个方面。自然条件是指人类赖以生存的自然环境，包括影响人类生产、生活的大气圈、水圈、生物圈、岩石圈等。自然资源是指自然条件中被人利用的部分。自然因素是产业布局形成的物质基础和先决条件，因为人类从事产业活动必须具备的劳动对象和劳动资料都是直接、间接来源于自然界。

（1）对产业布局的不同阶段的影响。人类社会发展的初期阶段，生产力水平低下，自然条件、自然资源的分布决定人类社会生产活动的分布。产业革命后，社会进入工业大生产阶段，自然条件尤其是自然资源对产业布局的影响显著，在工业原料、燃料富集的地方形成工业区。进入新技术革命时代，新兴工业对原料、燃料的需求减少，对自然环境的要求提高，空气新鲜、气候温暖适宜、水源纯净、无污染是最优的布局条件。

（2）对不同产业布局的不同影响。自然条件、自然资源对第一产业布局的影响是决定性的。由于第一产业的劳动对象直接来自大自然，因此，各种自然资源的分布也就是相应的第一产业的分布，第一产业布局直接受自然条件、自然资源的制约。自然条件、自然资源对第二产业布局的影响是间接的，主要影响重工业中的采掘业、材料工业、重型机械，以及以农产品为原料的轻工业和食品工业，它们多分布在工业自然资源或农业自然资源较丰富的地区。第三产业是与第一、二产业相联系发展起来的，水、气候、地形等条件对其发展也有重要影响。自然因素对第三产业的影响突出表现在旅游业。高山峡谷、荒漠草原等保持原始自然美的地方成为丰富的旅游资源。

（3）直接影响产业布局的大格局。由于自然条件、自然资源是产业布局的物质基础，对劳动生产率、产品质量等方面具有直接、间接的影响，地球上的自然资源的分布具有明显的地带性，因而，自然资源直接影响到各地区劳动地域分工。具有不同自然资源特点的地区，突出发展某些产业，在一定程度上规定地区经济发展的方向，形成地区产业布局特色。在市场经济条件下，产业活动首先向最优的自然条件与自然资源分布区集中，形成一定规模各具特色的专业化生产部门，进而完成产业活动地域分工的大格局。

（三）人口、劳动力资源对产业布局的影响

人是自然和社会的统一体，是社会生产和生活的主体。人既是生产者又是消费者的两方面属性对产业布局都有深刻的影响。

1. 作为生产者的人对产业布局的影响

在经济发展中，人口的数量和质量对产业布局有重要影响。一般来说，劳动力多、人口稠密的地区适宜发展劳动密集型的产业部门，利于解决劳动者就业问题；在人口、劳动力资源较少的地区适宜发展利用当地自然条件、自然资源的优势产业，以提高劳动生产率。人口质量对产业布局有重大影响，人口质量的高低与一定的生产率水平相联系，在以手工劳动为主的生产中，生产发展主要取决于劳动力数量的增加；在进入大机器工业生产后，生产发展对劳动力质量的要求提高；特别是在当今知识经济的条件下，高质量、高素质的人口和劳动力是发展技术密集型产业的基础。

2. 作为消费者的人对产业布局的影响

人口的消费状况对产业布局有明显的影响。各地区人口数量、民族构成和

消费水平的差异，要求产业布局与人口的消费特点、消费数量相适应。消费水平较高的地区，需要布局一些生产高档消费品的产业部门。例如，特大城市分布为人口消费服务的大城市工业（以针织、制鞋、玻璃、家具等工业为主）和城市农业（以蔬菜、花卉、牛奶等现代农业为主）。此外，人口的性别、年龄、民族、宗教差异，导致市场需求特征的多样性，要求产业布局根据不同情况，有针对性地选择项目种类和规模，最大限度地满足各种人口的物质和文化生活需求。

（四）社会经济因素对产业布局的影响

影响产业布局的社会经济因素有很多，主要有历史基础、市场条件、国家的政策、法律、宏观调控、国际政治条件、金融与税收等。

1. 社会历史因素对产业布局的影响

产业布局是在前人建设的基础上进行的，因而产业布局具有历史继承性。已形成的社会经济基础对再进行产业布局具有重大影响，在不同地区，由于受区域自然、社会经济条件的影响，经济发展的速度和水平并不一致，构成各地区历史基础的差异。一般来说，在原有经济基础较好的地区，进一步发展可以利用原有的基础设施，会对产业布局产生积极影响。但同时还应注意，原有历史基础是在过去生产力水平下形成的，不可避免地存在一些问题，如结构不合理，布局零乱，或设施落后、污染严重等。在进行产业布局时，应根据具体情况，充分利用积极因素，使其产业布局合理化。

2. 市场条件对产业布局的影响

任何生产都是为满足消费需求进行的，而市场是沟通产销的中枢。随着商品经济的发展，市场成为影响产业布局的一个越来越重要的条件。首先，市场需求影响产业布局，无论是地区、地点布局，还是厂址的选择，都必须以一定范围市场区对产品的需求为前提，低于需求量的产业布局是无法实现的。其次，市场的需求量影响产业布局的规模和结构，是形成主导产业、辅助产业，以及有地方特色的产业地域综合体的指南。最后，市场竞争可以促进生产的专业化协作和产业的合理聚集，使产业布局指向更有利于商品流通的合理区位。

因此，产业布局必须首先通过市场调查、预测，了解市场行情的变化趋势，以便合理布局。

（五）科学技术因素对产业布局的影响

生产力中包含科学技术，它也是影响产业布局的重要条件之一。科学技术对产业布局的影响主要表现在以下几个方面：

科学技术的进步，改变自然资源的经济意义，开拓资源的利用领域，改善各类矿物资源的平衡状况及它们在各地区的地理分布，扩展产业布局的地域范围，从而降低运费，扩展能源的远距离运输，解决产业布局中的时空障碍，改变产业布局的面貌，提高资源的综合利用能力，使单一产品的生产区变为多产品的综合生产区。

科学技术的持续发展，使劳动生产率不断提高，进而调整国民经济各部门在整个国民经济中的比重，改变国民经济的结构；同时使新兴工业部门不断涌现，也不断地改变着工业内部的结构。

科学技术的不断发展，改变了生产力诸要素的地域结合状况，也改变了地区经济的内部结构，从而间接地影响产业布局的改变。

第四节　区域高新产业布局

一、新产业区

区域产业布局的最新研究进展，是新产业区理论的出现。

（一）新产业区的概念和作用

新产业区指基于合理劳动地域分工基础上结成的网络，这些网络与本地的劳动市场密切连接，实行专业化分工。从这个定义出发，新产业区是产业地域集中的一种新的形式，除了一般的集聚意义，特别强调专业化和小企业集群，强调企业之间的合作与竞争，以及制度的建设。所以，新产业区可以称为“社会经济综合体”。

国内学者总结出新产业区的特点：新产业区是一个由中小企业组成的地域系统；具有积极的外在性，企业间密切合作，在创新的基础上竞争；具有相互信赖的社会文化环境和积极的自助组织。新产业区的出现，对产业布局来说是一个新的现象，可以开阔产业布局的视野。小企业的布局更有新意、更有规律可循。小企业的集聚和产业群的出现对专业化分工有了更深刻的认识，而且更接近理想的专业化分工是有可能实现的。例如，在我国的浙江省，一个县或几个乡镇集聚起数百或上千家生产同类产品的企业，这种小企业集群的生命力远远超过了大企业。更能说明问题的是，小企业集群对区域经济发展的带动力量很强，凡是小企业集群发达的地区，都是区域经济发展很快的地区。

（二）新产业区的分类

对于新产业区的理论分类，国外大致将新产业区分为四类：第一类是由低内源力、低竞争力企业组成的无政府干预的地方生产系统；第二类是由低内源力、低竞争力企业组成的、存在相当政府干预的、具有一定创新能力的地方生产系统；第三类是由高内源力、高竞争力企业组成的、中小企业密切合作的、无政府干预的、创新力较强的地方生产系统；第四类是由高内源力、高竞争力企业组成的、有政府干预的、具有高水平创新能力的地方生产系统。我国的新产业区大多属于第二类，东南地区一些由市场作用而形成的、具有专业化分工的新产业区属于第三类，而高新技术开发区大多属于第二类，个别属于第四类。从产业组成的分类来看，我国的新产业区大致包括两类：

1．高新技术产业开发区

高新技术产业开发区是指由研究、开发和生产高新技术产品的大学、科研机构及企业在一定地域内组成的技术—工业综合体。包括：①科技园。依托大学和科研机构所形成的科技园，科研是开发的中心，高新技术企业处于从属的地位。②技术城。以技术开发为支柱，发展高新技术产品的生产为辅助，形成科研－生产的综合体。③高新技术产品加工区。利用高新技术，生产高新技术产品，形成高新技术产品的生产基地。由上述三类新产业区组成的大型综合体，是高新技术产业带，如美国的硅谷、中国的中关村等。

2. 新工业区

新工业区是新产业区的一种普遍的形式。其不限定区内的企业是否为高新技术企业，而是以发展现代制造业为主体，形成产业集聚。包括：①工业园区。这类工业园区是以工业开发为宗旨，以招商引资为主线，以高新技术产业带动传统产业发展的企业集群形式。②出口加工区。它是主要从事来料加工、面向国际市场的工业园区，这类集聚区往往具有免税的功能，与内部相互隔离。③专业性产业集聚区。以生产某一类或几类产品为主、没有固定区域界限的新产业区，是生产成本很低、竞争力很强的现代工业品生产基地。④现代农业园区。现代农业园区是新产业区的一种扩展形式，主要是推广先进的农业技术，加快农业现代化的进程，加快培育区域的农业主导产业，形成农业的产业化经营；比一般农业区具有技术、资金密集特征，能大幅提高农业劳动生产率。

二、高新技术产业布局

与新产业区相关联的是高新技术产业的布局，也是新产业区建设的具体化。

（一）高新技术产业布局的特点

根据高新技术产业的特征，其布局特点如下：

1. 靠近市场

在技术日新月异、企业竞争激烈的情况下，只有靠近市场、靠近用户，才能及时发现需要，开发新产品，加快产品更新换代，并做好售后服务工作。

2. 靠近科研机构和大学

可就近聘请到高级科技人才，最快获得最新的科技成果，可与科研机构和大学共享先进设备和实验设施，这样能保证强大的产品研发能力，保证技术人才的提供。

3．具有高级的企业管理人才和高素质的劳动力

因为高新技术产业竞争激烈，只有高级的企业管理人才才能正确领导企业；同时高新技术产业的生产设备先进，只有高素质、受过训练的劳动力才能胜任。

4．具有优良的基础设施

要求水、电、气、通信设施齐全，靠近国际机场或海港，靠近高速公路，离中心城市的距离不能太远，方便职工上下班。

5．具有完备的辅助工业和发达的第三产业支撑

要能保证建设有高新技术产业所需要的设备、材料等上游产业和服务部门，综合配套能力强。因此，一般高新技术产业都设在较发达地区。

6．具有优良的投资软环境

即优惠的地方政策，优良的法律、财务、专利、工商及进出口服务。

7．能靠近投资机构

由于高新技术产业属于资金和技术密集型产业，高产出、高风险，需要充足的风险投资，因此，不仅要能提供资金，还要能帮助企业进行管理，传授经营管理经验。

8．具有创业精神的城市气氛

如旅游城市就不适合布局高新技术产业，因为那里的城市气氛过于轻松散漫，不适合高度紧张、竞争激烈的高科技创业精神。

9．具有集聚性

高新技术有集聚效应，不同的高新技术企业布局在一起，可以在共享和竞争中相互利用和促进，因此，高新技术产业多布局在高新技术产业开发区。

10．具有良好的周边环境和生活质量

由于高新技术产业的从业人员素质高、收入高，因此，要求环境优美、空气清新、子女上学方便、交通便利、居住条件优越、水质良好、气候适

宜等。

（二）国内外高新技术产业区布局

高新技术产业区是以智力为依托，以开发高新技术和开拓新产业为目标，促进科研、生产与技术相结合，推动科学技术与经济、社会协调发展，以创新和技术为导向的高新技术企业集中布局的地区。高新技术产业区是知识经济产生和发展的“温床”，已有40多年的发展历史，比较著名的有美国的硅谷、日本的筑波、中国台湾的新竹等。高新技术产业开发区的发展模式有五种：以高新技术产业为核心，自发形成的开发区，如美国的硅谷；以高新技术产业为核心，由政府规划和创建的开发区，如我国的深圳工业园区；以高新技术产业为核心，通过国际合作共同组建的开发区，如中国与新加坡合建的苏州工业园区；以大学、科研机构为中心建立的研发型企业模式，如日本的筑波；以传播、经营和销售高新技术产品为特色的开发区，如北京的中关村。目前，世界上著名的高新技术产业区布局如下：美国的硅谷，以斯坦福大学为依托，聚集了1400多家生产电脑、半导体的电子企业。该区生产的电子集成电路产品占世界总产值的1/4，年产值达450亿美元。日本的筑波科学城，是以日本国立研究院的几个研究所和46所高校为依托建立起来的，聚集了数万名科研人员和数千家企业，是亚洲最大的综合性高科技产业区之一。俄罗斯新西伯利亚高科技区，为联合综合性科研基地，聚集了近30个国立研究所和大学，有科技人员2万余人。加拿大卡尔顿高科技区，集中了近40所大学、众多科研机构和高新技术企业，是加拿大的科技核心区，被称为“北硅谷”。

（三）我国高新技术产业布局

1. 我国高新技术产业布局特征

高新技术产业发展地带性和地区性差异显著。从三大地带来看，东、中、西地区发展差距明显，高新技术产业主要分布在东部沿海地区。区域经济发展水平基本上决定了高新技术产业的区域宏观分布格局。我国高新技术产业的地区差距也与经济发展水平的地区差距一致。

形成三大高新技术产业的集聚中心，地区差异性显著。目前，我国初步形成具有配套能力的三大高新技术产业基地。一是以深圳和广州为核心的珠江三角洲高新技术产业基地。二是以上海为龙头的长江三角洲高新技术产业基地。三是以北京和天津为核心的环渤海高新技术产业基地。以省份来看，广东、江苏、北京和上海是我国经济最发达的地区，同时也是我国高新技术产业发展水平和发展速度最快的地区。从1991—2001年全国医药制造业、航空航天器制造业、电子通信设备制造业、电子计算机及办公设备制造业、医疗设备及仪器仪表制造业五大类高新技术产业发展情况来看，高新技术产业总产值前10位的广东、上海、北京、江苏、天津、浙江、山东、福建、辽宁和四川占了全国70%以上的份额，其中电子信息通信设备制造业、电子计算机及办公设备制造业更高达91.51%和97.54%。在电子信息通信设备制造业、电子计算机及办公设备制造业中，广东占有极其显著的优势；医药制造业、医疗设备及仪器仪表制造业成长、发展具有明显区域性优势的则是浙江、广东、上海、河北、江苏、北京；而在航空航天器制造业领先的则是陕西、黑龙江、江西和辽宁。

中西部部分地区依托大城市成为高新技术产业的集聚点。中西部部分大城市根据自身优势发展出独具特色的高新技术产业，产业集聚的雏形逐步开始显露。无论是高新技术产业发达的东部地区，还是中西部地区，高新技术产业发展的初期都基本依托城市密集带和大都市区进行布局，以大城市为依托的高新技术产业点状体系构成了我国中西部地区高新技术产业空间格局的基本形态。

高新技术产业园区以及各类创业园区是高新技术产业发展的微观集聚中心。各类经济技术开发区和高新技术产业区的优势在于灵活的管理机制、优惠的政策以及配套的基础设施建设吸引了众多高新技术企业。高新技术产业开发区已经成为我国各地发展高新技术产业的重要基地，是孕育高新技术企业的最佳环境。

2．不同类型区域的高新技术产业布局及发展战略

珠江三角洲。珠江三角洲的高新技术产业起步于外资，伴随着世界经济结构大调整和产业大转移，珠江三角洲的外向型高新技术产业发展还有广阔的发展前景。充分利用服务贸易协议（Closer Economic Partnership Arrangement，简称CEPA）实施的机遇，与香港和澳门地区建立更为密切的经济、技术合作关系，充分利用我国香港的国际化平台，与欧美等发达国家加强联系。大力发展“9+2”泛珠江三角洲经济技术合作，在更大范围内整合内地的科技资源，扩大经济腹地，以此壮大高新技术产业的区域整合能力。以电子信息产业为基础，逐步向其他高科技产业延伸，紧密电子信息技术与其他行业的联系，构造多元化的产业集群。转变技术发展重点，由主要对国外和中国港澳台地区输入技术的应用、模仿，转变为增强自主创新能力，进一步加强对具有自主知识产权的高新技术的研究和开发。

长江三角洲。充分发挥上海的龙头作用，既把上海建设成国际经济、贸易、金融和航运中心，又要不断强化上海对外的辐射功能，未来上海发展应围绕提高城市综合竞争力这一主线，构建以上海为龙头、苏南浙北为两翼，打破地区分割，提高长江三角洲地区高新技术产业发展的整体创新能力。上海应重点发展研发、金融、贸易、航运、信息服务等高科技服务业，成为长江三角洲城市群高新科技产业发展的综合服务中心。苏中南和浙北地区是我国工业总产值最高的地区，以高科技制造、技术产品配套服务、电子电器产品等为主具有比较优势，充分利用当地雄厚的科技实力，加强对拥有自主知识产权的核心技术的开发力度，强化产业整合，培育具有国际竞争力的区域产业群落。加强生态环境治理和保护，走可持续发展道路。长三角地区人口密度高、土地承载压力大，随着近年来工业化和城市化迅猛发展，生态环境堪忧，应引起有关部门重视。

环渤海地区。加强北京和天津的联合和内部整合，充分发挥北京和天津高新技术产业的联合效应和带动作用。应考虑把沿京津塘高速公路的北京实验区（中关村、丰台、昌平园区）、天津市高新技术开发区、北京（亦庄）经济

技术开发区、廊坊经济技术开发区、廊坊新技术开发区、武清新技术开发区、北辰经济技术开发区、天津市经济技术开发区、天津保税区、天津逸仙国际科技园等建成京津塘高新技术产业带。并以此为核心，促进包括山东半岛、辽东半岛在内的环渤海经济圈和包括河北、河南在内的大华中经济圈的成型，从而建成振兴我国北方经济的龙头。加强环渤海地区高新技术产业发展中的分工协作，打破行政体制界限，优化资源配置，形成整体优势和竞争力。加强科研机构和企业改制力度，提高企业的科技创新意识和科技创新能力，努力提高科技成果的转化率。积极推进政府职能改革，营造良好的经济环境。相对于珠三角和长三角，环渤海地区高新技术产业发展的体制障碍最明显，政府职能不到位，市场机制不灵活。

东北老工业基地。借助国家东北老工业基地改造战略的机会，高起点规划，把东北建设成为东北亚高科技产业创新中心。把开发新型产业与用高新技术和先进适用技术改造传统产业结合起来，提高产业的整体竞争力和整体科技水平。把制造业信息化、装备制造业现代化作为产业发展的重中之重，使这些产业成为用高科技武装起来的新科技"制造业"。以城市为依托，以企业为核心，建立行业技术开发基地和技术创新服务体系。要以城市为依托，把大型国有企业作为创新的核心，优化社会科技资源配置，发挥整合优势。

中西部地区。从根本上解决资源困境，实施跨越式发展战略。中西部地区高新技术产业整体上落后于东部沿海地区，发展高新技术产业必须实施跨越式战略，要实现中西部高新技术产业的跨越发展，最关键也最困难的因素是资源（资本、技术和人才）超越性的快速积累。这不仅表现在量的增加，同时更体现在质的提高及结构的改善。重视科技园区在促进中西部地区高新技术产业发展中的重要作用，形成区域性的高新技术增长极。要以西安、重庆、成都、武汉、杨凌等一批高新技术产业开发区和科技园区为依托，通过技术扩散和渗透带动区域经济的发展。在中部地区，湖北、河南的高新技术产业发展处于前列，在医药制造业、电子计算机及仪器仪表制造业方面形成一定优势，在这方面可以考虑加大支持力度，以带动中部地区高新技术产业的发展。在西部地区，陕西的航空航天器制造业优势非常明显，四川、重庆的航空航天器制造业产值比重在全国也处于前8位之内，另外四川的电子通信设备制造业和重庆的医疗设备及仪器仪表制造业也形成了一定规模，今后除了在这两方面强化发展，还应该积极发挥杨凌农业高新技术产业基地的示范和技术、信息辐射作用，带动西部农业的大发展。从基础上构建高新技术产业发展平台，完善产业发展保障体系。首先要构建高新技术产业发展的信息技术和管理两大平台，然后是人才、研发、金融和服务四大支撑体系的建设。

第三章　区域经济的动力系统

第一节　区域经济的发展动力

区域经济是一个非线性、复杂的动态系统。区域经济发展不仅取决于区域内的资本、技术、管理等因素的综合作用，更重要的是区域经济外部因素对区域经济发展的合理推动，如外部的技术与人才引进等均对本区域的经济发展起着极为重要的作用。由于区域经济发展的动力系统是一个由诸多动力要素构成的复杂系统，而动力系统及其环境共同影响着区域经济的发展。鉴于此，研究区域经济发展问题，必须以科学发展观为指导，对区域经济系统、区域经济发展的动力系统及其相关要素等进行科学的分析。

一、区域经济发展的动力

（一）动力及其主要类型

关于动力的一般解释是：使机械运转做功的各种作用力，如水力、风力、电力、热力、畜力等。比喻推动工作、事业等前进和发展的力量。这里主要探讨作为推动事物运动与发展的力量的动力。根据研究需要和各种动力要素的特点与功能，从理论上我们可以将动力系统中的动力要素进行分类。按照动力的形成原因，可以将动力划分为内部动力和外部动力，根据自组织理论还可称之为自组织动力（内部动力）和他组织动力（外部动力），书中统一称为内部动力和外部动力；按照动力对事物运动与发展的作用方式，可以将动力划分为直接动力和间接动力；按照动力对事物与发展的作用层次程度，可以将动力划分为表层动力、中层动力与深层动力。

1．内部动力和外部动力

辩证唯物主义认为，事物的发展变化是内因和外因共同作用的结果，内因是决定因素，外因通过内因起作用。区域经济的发展同样是由内因和外因共同推动的结果。所谓内部动力是指事物的发展过程中，在事物内部产生的能够导致事物运动与发展状态变化的力量。而外部动力则指来自事物外部、能够导致事物运动变化的力量。如区域经济发展中人们追求高质量生活的愿望以及对知识、技术掌握的增多，区域产业结构的自我更新等，这些使区域主体行为发生变化的力量都可以理解为内部动力；而来自区域外部的区域政策、科技创新等力量可以视为外部动力。但区域经济发展的内部动力是促进经济良性循环，实现经济持续快速健康发展的主要因素。

2．直接动力和间接动力

根据动力对事物运动与发展的作用方式，可以将动力划分为直接动力和间接动力。所谓直接动力是指直接作用于事物之上，导致事物运动或发展的状态发生改变的力量。所谓间接动力是指直接作用于事物之上，间接地导致事物运动或发展状态发生改变的力量。

3．表层动力、中层动力和深层动力

根据动力对事物运动与发展作用的层次程度，可以将动力划分为表层动力、中层动力和深层动力。所谓表层动力是指作用于事物表面，在低层次上使事物运动或发展的状态发生改变的力量，它的推动作用是有限的，其高级化过程即表层动力发展为深层动力是通过中层动力，由表及里的传递方式实现的。所谓深层动力是指对事物的发展状态作用持久、影响深厚的力量。随着作用时间的增加和强度的加大，表层动力有可能逐渐发展为深层动力。“文化力”作为一种深层的、本质的制约力量，是造成区域经济发展不平衡的重要因素，而先进的“文化力”就是促进区域经济发展的深层动力。

（二）动力的特征

动力具有如下特征：

1．方向性

动力是具有方向的空间矢量，作用于事物上的各种动力有的与事物的发展方向一致，我们称之为正向动力；有的与事物的发展方向不一致，我们称之为负向动力。事物运动与发展的方向和速度是正向力与负向力综合作用的结果。当正向力超过负向力时，事物得到发展，当负向力超过正向力时，事物的发展出现倒退。

2．动态性

各种动力不是一成不变的，均具有动态性的特征。即动力的大小会随着时间和空间的变化而变化。内生动力与外生动力表现出不同的动态性品质。内生动力是关于时间的增函数，而外生动力是关于时间的减函数。也就是说，作用于某一事物上的内生动力会随时间的增加而增加，这种增加包含两种过程，其一是原有内生动力的累积过程。其二是外生动力内化的过程。而外生动力，随着其内化的过程，以及由于新的外生动力的替代效应，导致外生动力会随时间的变化而递减。

3．加和性

在事物的运动和发展过程中，站在某个时空点上观察，作用于事物之上的有多种动力，包括内生动力、外生动力、直接动力、间接动力、表层动力、深层动力等。事物的运动与发展变化就是这些动力综合作用的结果。因而动力具有加和性。正向动力的累加，使事物的前进动力加大，负向动力的累加使作用于事物之上的总动力减小。

（三）动力效用、动力可能性边界性和等效用性

在西方经济学中效用是指人们从物品或劳务的消费中所获得的满足程度，消费者消费某种物品或者劳务获得的满足程度高就是效用大；反之，满足程度低

就是效用小；如果不仅得不到满足，反而感到痛苦，就是负效用。动力如果为区域经济发展贡献大，就可以认为动力效用大。如果为区域经济发展贡献小，就认为动力效用小。如果不但从整体上对区域经济发展没有贡献反而阻碍了区域经济的全面发展就是负效用。动力效用的概念更加清晰地说明动力作用的行为和结果。

动力可能投入线是指在其他条件不变的情况下，投入总量固定的两种动力的任何可能组合所形成的直线，也可称为动力资源投入可能性边界线。

等效用线是表示两种动力要素的不同数量的组合对区域经济发展可以带来同等效用的一条曲线。或者说是表示某一固定值的区域经济发展效用，可以用所需要的两种动力要素的不同数量的组合产生出来相同效用的一条曲线，这条曲线上的任意一点所对应的两种不同动力要素的投入比例所能够产生的效用都是相等的，无差异的。所以等效用线也可以称为效用无差异曲线。

从长期看，区域在不同的时期有不同的发展目标，每一个总的动力资源投入目标都需要有对应动力效用指标，因此，区域经济发展的等效用曲线应该由许多条组成。

由此，我们得出在动力资源既定的条件下，为了达到相同的效用，增加一种动力要素必须减少另一种动力要素投入，二者同时增加在动力资源既定时无法实现，而同时减少则无法实现效用水平目标；随着目标的变化，需要的动力资源投入也随之变化，同一条等效用线上的效用相等，不同的等效用线代表的效用不同，离原点越远效用水平越高。

二、区域经济发展系统的多主体系统模型

由于区域经济系统构成要素繁多，每个要素又自成系统，所以，区域经济系统内含有若干个子系统。我们可以将区域经济发展作为它的一个系统，那么通过多主体系统模型理论可以将这一复杂的系统进行分解。多主体系统模型理论认为，复杂的系统可以分解由相互关联的各个子系统或构成单元（主体），

各个主体作为自治的主体，具有一定的独立性和问题处理能力，可以有效地减少系统各部分之间的耦合，同时保证了主体通过对内的调整和对外的协调，适应不断变化的动态环境。

在区域经济发展这个复杂的系统中，可以根据不同的标准区分为不同的主体系统，从区域经济发展角度看，区域经济发展系统又可分解为：发展的动力系统、支撑系统、调控系统等其他子系统。而任何一个系统都是以一定的结构形式存在的。系统的结构使得组成系统的各个基本要素能够充分发挥自己的功能，从而获得最佳的整体效果。所以，对于一个系统来说，不能没有一定的结构形式，否则，就不能形成具体的系统形态，也就不能行使和发挥作为系统基本要素的功能作用。

三、区域经济发展的动力系统

国内外经济发展实践表明，资本、劳动力、资源、技术、制度、消费、市场、政府、需求、文化等，都是经济发展的要素，它们的集合构成了经济发展的要素系统。而要素中的动力要素集合则构成了动力系统。区域经济发展的动力系统是区域经济发展系统的子系统。因此，一般而言，动力系统的结构是十分复杂的。也就是说，区域经济发展的动力系统是一个非线性的复杂系统。所谓动力系统就是经济发展中的动力要素，在一定的经济活动中通过相互作用而形成的具有一定结构和功能的有机体，动力系统是一个虚拟的人工系统。在区域经济发展系统中，动力系统是它的一个子系统。在区域经济发展动力系统内，各个子系统彼此交叉作用，不断进行物质与能量的交换，而在动力系统中，作为其构成的不同动力要素，在对区域经济发生实际作用时，其作用方式、作用方向、作用强度等是有差别的，由此便形成了动力系统自身的结构。

笔者认为，动力系统的各种动力要素之间的相互作用，将在区域经济发展中产生两种不同的效应，即一方面，动力要素之间协同发展，在系统总部（干预）的协调下，通过动力网络系统内部重组而获得持续成功，产生更加强劲的力量和效果，推动区域经济向前发展。另一方面，个别动力之间互相竞争抵消，使总动力减弱，从而使区域丧失了竞争力，制约了区域经济的健康发展。

第二节　区域经济系统的特征

一、区域经济系统的内涵与特点

（一）区域经济系统的空间界定

区域经济系统是区域内各生产要素和经济活动按一定的次序和内部联系组合而成的有机整体。它是一种特定类型的系统。可分为硬件子系统和软件子系统两部分。硬件子系统指区域内的自然条件，以及与整个经济领域——生产、流通、分配、消费有关的各主要部门。软件子系统指区域经济中承担组织、管理、协调等功能的部分。硬件子系统是软件子系统的基础，是软件子系统发挥作用的直接对象。组成区域经济系统的各部门，存在着相互促进和相互制约的关系，任何一个组成部分产生量变和质变，都会对其他有关的部分以及整个系统产生影响。人们可以通过揭示这种影响的机制，改变某个或某几个组成部分的规模，从而控制其他组成部分和整个区域经济系统的发展方向。区域经济既然为一个系统，那么，系统的边界划分是系统研究中首先应该解决的一个问题。随着区域经济发展复杂程度的加大，单纯从地理学的角度来定义区域的边界对区域经济的研究有很大的制约性。

系统论认为系统的整体性表现在同环境相接触时，出现的特殊的边界反应。这是由于系统内部要素与要素之间，有特殊的相干性联系，这种联系使得每个要素在同外界环境相互作用时，表现为系统的整体作用来影响环境、结果、要素之间的相干性和要素同外界的非相干作用，呈现出明显的差别。当物质、能量和信息从外界进入系统，或者从系统内部输出外界环境时，在内外之间便出现了功能的突变，这些突变点连成一个特殊的界面，这就是系统的边界，系统的边界在一定的条件下，起到保护系统的稳定的作用。

区域经济系统的边界划分也应该遵从这一原则，即区域经济要素之间的联系和功能发生突变的节点的连线构成区域经济系统的界面。传统的区域划分是以自然地理边界为依据的，这是由于传统的经济活动以农业为主，运输和联系方式落后，受地理条件制约很大，经济活动局限于平原地带，构成区域经济系统的边界往往是河流、山脉等自然边界。工业化后，运输和联系方式有所改进，但是资源流动的成本依然很大，区域经济系统的边界受到自然和人工两种因素影响，其界面除了河流、山脉，还可能是铁路和权力以及政治上的边界等，这些对经济活动空间成本起约束作用的因素构成了区域经济系统的界面。

信息时代的到来，带来了新的人地关系和新的区域经济景观，如以网络为基础的信息技术空间形成了空间事物和人地关系的一种新的组织形式，出现了所谓虚拟化的信息地理空间。这种区域经济系统的界限除了受资源、成本等经济上的因素影响，更多地表现为语言、价值观等文化方面，以及网络标准和网络规则等技术方面虚拟的界限。可以看到区域经济系统的边界是随经济活动联系方式的进步而不断延伸的，区域经济活动空间在一定的时间里受到一些因素的束缚，这种束缚构成了区域经济系统的边界，但经济的发展最终会克服这些障碍，直至遇到新的约束，形成新的界面。总之，系统边界的概念是一种模糊和动态的概念，在一定的模糊程度下，边界是连续的，从本质上边界是随系统的发展而发展变化的，但是在一定的时期内边界所包含的系统内的要素、结构和功能等特征是相对稳定的，边界的形态也是基本稳定的。

（二）区域经济系统的构成要素

从区域经济系统的内部分析，区域经济系统要素包括经济区域的三大构成要素（经济中心、经济腹地、经济网络）和区域经济的诸发展要素；从区域经济系统的外部考察，区域经济系统要素则包括区域经济系统与其他系统之间的区际关联及其所处的社会经济大环境。

1．区域经济系统内部要素

区域经济具有两个显著特征：一是就区域经济的存在空间而言，它是特定区域的经济，具有鲜明的地域特点。二是就区域经济的复杂内容而言，它是国民经济的一个缩影，具有明显的综合特点。区域经济的这两个特征，内在地规定着其系统内部存在相互依存而又相互区别的两类要素：经济区域的构成要素和区域经济的发展要素。

经济区域是区域经济活动的地域依托，是区域经济系统的空间要素。经济区域有三个不可缺少的要素：经济中心、经济腹地和经济网络。在这三个要素中，经济中心是特定地域范围内聚集着一定经济能量的节点。经济中心能量辐射所及范围即其经济腹地，也就是域面。经济中心对域面辐射能量的各种渠道则可理解为经济网络或线。其中，经济中心起着核心、引导作用。三者相互影响、吸引，共同构成一个完整的经济区域。

2．区域经济系统外部要素

区域经济具有层次性、开放性。区域经济是国民经济巨系统中的一个子系统。从区域经济子系统的外部考察，一方面，该子系统处于国民经济巨系统的环境中，既受宏观经济环境制约，同时又影响宏观经济环境。另一方面，该子系统必然与其他子系统发生各种系统置换，即存在广泛的区域联系。

宏观经济环境。区域经济系统产生并存在于国民经济体系中，国民经济的总体水平、结构、运行状况，国家的宏观经济政策，特别是区域政策、产业政策，构成区域经济系统的宏观经济环境。宏观经济环境既影响着区域经济系统内部诸要素的结合形态，也决定着区域经济系统运行态势。首先，宏观经济环境决定着区域经济系统内部构成要素的发育程度。宏观经济运行良好，则区域的经济中心能切实起到增长点作用且对外辐射强烈，经济腹地宽广或很有丰度，经济网络发达。其次，宏观经济环境决定区域经济系统内部发展要素的活跃程度。宏观经济运行态势通过影响区域有效需求而作用于区域经济发展的原动力因素，也直接地影响区域资金、技术进而作用于区域经济发展的约束型要素，并通过改革开放、制度创新和技术创新促进区域经济发展。最后，宏观经济管理体制决定着区域经济系统的运行机制。在计划经济和市场经济体制的不同背景下，系统与子系统、子系统与子系统之间有选择地进行物质与能量的交换。

区域联系。区域经济系统与其他子系统之间进行着多向多维的系统置换，也就是说，区域与区域之间发生着广泛的经济联系。区域经济子系统之间，因为要素禀赋的差异，必然存在经济活动方式与经济活动内容的差异，进而形成区域之间的劳动地域分工与商品劳务交换。即使区域之间要素禀赋差异不明显，仍会存在以不同技术水平或不同技术为基础的分工，或以不同规模经济为基础的分工，这种分工使区域间产生密切的经济联系。在现代市场经济条件下，由于专业化与社会化而使劳动分工越来越细，单个区域只能生产自己最有比较优势的商品，而人们的需求又是多种多样的，从而必然产生各种商品交换，在地域空间上表现为区际贸易。又由于不同区域要素禀赋存在空间差异，而技术经济上的原因又要求区域之间联系起来，这就产生了区际要素流动和区域间的竞争与合作。

区域经济子系统与国民经济巨系统之间、区域经济子系统与子系统之间存在着密切的联系，这种联系形成系统合力，使系统结构与功能优化，推动着区域经济系统的运动和发展。

（三）区域经济系统运行的内涵

共性与个性的辩证关系告诉我们，只有在共性的基础上，才能更深刻地把握个性。经济要素与地理要素运行的集合是区域经济系统运行的内涵。由于区域经济系统的运行也属于经济地理事物有规律的运动，因此，也就可以将其理解为区域经济系统的要素、组织体系、功能、规律、等级和属性等方面在不可逆的时间变化中的有机发展过程。依据这一内涵分析，可以用如下数学语言加以描述：设有区域经济系统 S，它由 m 个经济要素 E（如资源、资金、劳动力、技术和信贷等）和 n 个地理要素 R（如节点、域面和网络等）组成经济要素结构。

区域经济系统的运行本质为诸经济要素在地理要素上的流动和转移以及诸地理要素因经济活动而在空间上的分化、组合、扩张和衰退。因此，区域经济系统的运行是经济要素和地理要素运行的集合，即 $S = f(E, R)$。

二、区域经济系统的数学描述

任何一个系统都是由若干个元素或子系统构成的，因此，系统元素的总和则组成一个系统。例如，把全国社会总产值看作是一个系统，则各地区或各行业的产值是子系统；把全国的劳动力总数看作是一个系统，则各地区或各行业的劳动力数是子系统等。通过研究系统的元素及其相互关系就可以了解系统整体。

三、区域经济系统的复杂性分析

区域经济系统是一个十分复杂而巨大的复合系统。这个系统涵盖国民经济各个部门，它在运行过程中与社会的生产、交换、分配、消费发生有机联系，与自然资源、自然条件、环境发生着有机联系，与区域外（边际之间、区域之间）也发生着有机联系。也可以说该系统是一个集经济、社会、生态于一体的十分复杂巨大的开放复合系统。对区域经济系统的复杂性进行分析，有助于客观地把握系统内各个子系统的结构特征，正确地分析系统组分的功能，为进一步具体研究动力系统提供科学依据。

（一）组成要素的复杂性

如前所述，组成区域经济的要素，不仅有自然的、环境的，而且还有经济的、社会的、人文的。这些要素又由若干个不同的下一层次的要素组成，下一层次的要素又由下下一层次的要素组成，形成了不同层次的组成要素，从而构成了巨大而复杂的要素群。经济要素由工业、农业、第三产业组成，工业又由冶金、轻工等工业部门组成，农业又由种植业、林业等组成，第三产业又由科技、教育、文化等组成。如此种种，足以说明区域经济组成要素的复杂性。

（二）生产布局的复杂性

区域生产布局是区域经济的重要方面。自然因素、经济因素、社会因素、技术经济因素和政治因素等，对各类生产部门布局的影响和作用是极其复杂的。各种布局因素对工业、农业、交通等部门的布局所起的作用或影响是不同的，有主有次，在布局时要做具体分析给予不同的估计。生产布局因素也不是一成不变的，随着科学技术发展，新材料的利用、工艺过程和运输的改善、生产组织和管理上的变化等，对生产布局所起的作用也会随之发生变化。

（三）区域差异的复杂性

区域经济差异受发展基础、政策、体制环境、要素流动和经济结构等影响较大。影响区域经济发展的发展基础差异主要有自然基础、经济基础、社会基础、区位条件。自然基础差异一方面是区域之间的自然资源禀赋状况不同，制约了各区域的经济活动或产业的类型及效率，进而影响到它们之间的区际分工格局、各自在区际分工中的地位和利益分配的多寡。另一方面是自然环境的优劣对区域经济发展也有一定的影响。经济基础无论从发展速度，还是从总量规模看，任何一个区域的经济发展都受制于原有经济基础。现代区域经济发展越来越离不开社会基础的支撑。区位是影响区域经济发展的一个重要因素，它反映了一个区域在全国经济发展总体格局中的地位，以及与市场、其他区域的空间关系，这种关系直接或间接地影响了区域的发展机会和发展空间。

国家的经济政策对区域经济发展有着十分重要的影响，如改革开放以来，我国经济政策向沿海地区的倾斜是引起、加剧地域之间经济差异变化的主要原因之一。体制环境与竞争力也是加剧区域之间经济差异变化的重要原因之一。在区域经济发展过程中，要素往往按照收益率的大小，从收益率低的地区流向收益率高的地区。区域经济增长与区域及经济结构关系最为密切，也受到区域经济结构和区域条件的重要影响。

（四）开放和动态复杂性

区域经济系统总是处于不断变化的过程中，它是一个开放的系统和动态的系统，在系统开放和动态变化中，也反映了其复杂性。区域经济在物质、能量和信息交换、转换上，其划分是无限的，其相互交换和转换的作用也是无穷无尽的。这些都说明了系统的复杂性。另外，还有系统空间结构的复杂性，国土开发整治的复杂性，区域经济发展方向的复杂性，区域经济管理的复杂性，等等。

第三节　区域经济系统的构建

一、区域经济发展与系统的拓扑结构

区域经济的核心乃是经济活动过程与空间形态之间的相互关系。区域经济发展系统从其复杂程度来讲，属于一个开放的复杂的巨系统。所以研究它首先应该从区域经济发展的要素出发，考察要素之间的联系也就是相互作用的特点后，综合考察由这些要素及其联系构成的结构和结构决定的特定功能与系统发展的目的。

（一）区域经济发展系统的拓扑结构

系统的拓扑结构是指系统内部各个部分和各种联系之间的关系结构。其基本特点有：第一，系统的拓扑结构是指系统的一种关系结构。它着力于分析系统与外界、各系统之间、系统内部各要素之间、系统结构与系统的要素间等相互作用、相互影响及相互联系所组成的关系体系。第二，系统的拓扑结构概括了系统与外界、系统内部及系统与系统之间所发生的一切联系。只要是与系统有关的各种联系均可视为该系统的拓扑结构所要研究的内容。一般认为，现代意义上的区域经济发展与传统意义上的经济发展有很大的区别，现代系统分析的观点认为，现代区域经济发展是随着经济产出的增长而出现的经济、社会和政治结构的变化，这些变化包括投入结构、产出结构、产业结构、分配结构、消费结构和社会福利等在内的变化以及经济生活质量的有效提高等。

1．现代区域经济发展包括一定幅度的经济增长

经济发展与相应的经济增长虽然不能被视为同一概念来进行分析，但现代经济发展肯定无疑地包含了经济增长，因为经济发展不仅指更多的产出，还指和以前相比产出的种类有所不同，以及产品生产和分配所带来的技术和体制安排上的变革。它还意味着产出结构的变化以及生产过程中各种投入量分布的变化。经济增长是手段，经济发展才是人们从事经济活动的目的；经济增长是现代经济发展的基础，经济发展才是经济增长的结果；没有一定幅度的经济增长，也就无所谓存在经济发展。

2．现代区域经济发展包括经济结构的一定程度的改进和优化

即使经济运行已出现一定程度的增长，但若由于制度的原因，产出增长的结果是长期两极分化，贫富不均的情形越趋严重，资源配置的效率较低，甚至出现负效率的经济现象等，这种情形的出现便意味着经济发展与经济增长不一致的原因在于经济结构方面的区别，如果结构合理且经济结构功能合乎现代经济发展的需要，则此时的经济增长便与经济发展相一致。经济发展所要求的经济结构的改进与优化，主要表现在：经济投入结构的变化、经济产出结构的变化、收入分配结构和人口经济结构的变化。

总之，区域经济发展系统内涵了经济增长系统、经济结构系统及经济质量系统三个子系统。只有在此三个系统同时有所提高并有所改进的基础上，才是现代意义上的经济发展，任何只单独追求经济增长、或经济结构调整、或经济质量提高的发展政策，肯定达不到区域经济发展的目的。

（二）区域经济发展的要素分析

区域经济发展是区域经济运动的本质要求。区域经济发展要素反映了区域经济运动的物质构成和物质交换，它是支撑、构成区域经济系统并推动区域经济发展的各种自然的、经济的、社会的必要因素。与地域构成要素相比，区域经济发展要素具有多元共存和复杂多变的特征。有的按其生成状况分为自生性要素与再生性要素，或原生性要素与衍生性要素；有的按其功能分为基础型要素、约束型要素和推动型要素；有的按其作用方式分为直接影响要素与间接影

响要素；有的按其存在状态分为流动性要素、非流动性要素。如流动性要素包括劳动力、资金、技术、信息及企业家素质等；非流动性要素包括区位条件、自然资源、基础设施、政府等。这里，对支持和推动区域经济系统运行具有重要意义的诸要素进行简单分析。

1．区域经济发展的自然资源要素

在区域经济发展诸要素中，自然资源是一种基础性的物质因素，对区域劳动生产率提高、产业结构形成和资本原始积累都具有重要作用。随着科学技术的发展和人类文明的进步，自然条件在区域经济发展中的作用将发生新的变化。一方面，自然条件对区域经济发展的限制作用将逐渐减弱。另一方面，人类将会更加珍惜和保护赖以生存和发展的自然条件，并运用新的科技、经济力量改善自然环境。自然资源具有稀缺性和区域性的特点。区域经济发展既要研究自然、资源、环境、社会、经济之间的横向联系，又要研究现在和未来纵向的人口增长、结构演进、资源消耗等多方面的联系及发展机制。随着社会的进步，自然资源与经济、社会和环境的相互协调越来越重要。就其经济观而言，区域可持续发展的实质是一种在生产中少投入多产出、在消费中多利用少排放的发展模式，从而实现区域经济持续、稳定、协调的发展。因此，在未来的区域经济发展中，自然资源利用数量的减少和依赖程度的降低是必然的趋势。

2．区域经济发展的人力资源要素

人类是经济活动的主体。人既是消费者又是生产者。从消费者的角度讲，人类需求是经济发展的动力源。区域的人口规模及其产生的需求，包括基本的生理需求和高级的发展、享受需求，是区域经济发展的强大动力。区域人口及其需求，在商品经济条件下表现为永不枯竭的市场需求，市场的繁荣兴旺推动着区域经济不断增长与发展。区域人口规模、消费水平与区域经济发展之间既相互促进又相互制约。人力资源作为经济资源中的一个特殊种类，具有生物性、能动性、实效性、智力性、再生性和社会性等特点。一个以经济资源为主导的处于工业化发展阶段的地区，根据其发展水平的不同，可以利用不同的经济资源，而到了知识经济时代，人力资源的开发变得比什么资源都重要。所以人力资源在区域经济发展中占有更加突出的地位。人力资源的开发对区域经济发展至关重要。人才与文化成为当代社会经济发展的关键因素，也使人力资源成为区域经济的主要资源。因此，以人为本是区域经济的重要特征之一，“新经济”的出现是人力资源与科技资源优化配置后，区域经济发展的一个崭新阶段，也是未来经济发展的趋势和目标。

3．区域经济发展的资本要素

作为生产要素的资本是区域经济发展的重要因素。在自然资源作为恒常要素，劳动力在发展中国家和地区几乎可以无限供给的条件下，资本就成为影响经济发展的主要约束条件。英国经济学家刘易斯认为，经济发展的中心问题是要理解一个社会由原先储蓄和投资还不到国家收入的 4% ～ 5%，转变为自愿储蓄达到国民收入的 12% ～ 15% 以上这个过程。它之所以成为中心问题，是因为经济发展的中心事实是快速的资本积累（包括运用资本的知识和技术）。如果不能说明储蓄相对于国民收入增长的原因，也就不能说明任何工业革命。美国经济史学家罗斯托在其经济成长阶段论中提出：资本积累率达到 10% 以上，建立起能带动整个国民经济发展的主导部门以及制度和意识形态上的变革，是实现经济“起飞”的必要条件之一。刘易斯和罗斯托都“崇尚”资本，不约而同地测算了经济发展对资本积累率的要求，虽有偏颇，但区域经济发展的现实说明，积累资金、引进资金、争取资金确实是经济起飞的关键一环，区域资本的形成和有效使用，对各种经济资源的合理配置起着黏合作用。

4．区域经济发展的科技资源要素

科技资源作为区域经济发展的核心要素，正成为推动经济结构升级和提升竞争力的关键力量。在全球化和信息化的背景下，区域经济的发展越来越依赖于科技资源的有效配置和创新能力的提升。通过技术创新、人才集聚、科研成果转化等手段，科技资源可以极大促进区域产业结构的优化与升级，推动传统产业向高技术含量和高附加值的方向发展。同时，科技进步为新兴产业的崛起提供了坚实的基础，尤其在信息技术、人工智能、生物技术等领域，科技资源的创新和应用直接带动了区域经济的快速发展和竞争力提升。

5．区域经济发展的保障：组织与管理

作为区域经济发展要素的组织与管理，包括经济体制、运行机制、经济结构、企业组织、政府职能等，集中体现为区域资源配置能力。如前所述，区域经济发展中，劳动力、资金、技术是三个最基本、最具活力的要素，而自然条件和历史基础，特别是自然资源和已形成的社会生产力是区域经济发展的基础性要素，在区域经济系统中都具有重要意义，是不可缺少的。但是，当这些要素处于单独存在和运作状态时，是不能形成区域经济系统，也不能进行区域经济活动的。只有当区域经济运行的主体，即企业、农户、政府机构等在一定的体制框架和运行机制下，对这些要素进行整合，使之相互交织、相互配合，才能产生综合影响，形成现实的生产力，实现区域经济发展。要素整合亦即资源优化配置，是指在区域经济活动中，通过对各种要素投入的合理分配和有机结合，最大限度地提高区域总体产出水平。区域组织、管理效率决定区域的资源配置能力。所以，在区域经济发展中，必须紧紧抓住经济体制和增长方式的根本性转变，抓住体制创新、技术创新和管理创新，着力于建立现代企业制度和转变政府职能。其重要目的之一，就是要加强和改善组织、管理，提高区域的资源配置能力。

二、区域经济发展的机理模型

在早期，区域经济发展处于较为均衡的空间结构，差异不明显，环境资源容量很大，不会对区域发展形成制约。区域经济发展的推动力主要来自经济增长。当经济发展到一定阶段后，区域经济发展的不平衡出现，区域差距加大，由此产生了诸多对区域经济发展起制约作用的消极社会因子。到了工业化中后期，环境问题、资源问题成为制约区域经济发展和社会进步的重要因素，影响着国家和地区的资源开发方向、主导产业选择、产业空间布局等。于是，区域经济发展依托于社会—经济—自然的复合系统与多维的空间结构，各种“动力”共同作用的合力构成区域经济发展驱动力函数。据此，我们提出时空等价的概念模型，即区域经济未来发展的时间轨迹可以用某一时间点区域经济发展的空间差异来刻画。

（一）时空等价概念模型的提出

时空等价概念模型的提出，源于理论生态学的理念。由于当代人口猛增所引起的环境问题和资源问题等，使生态学的研究日益从以生物为研究主体发展到以人类为研究主体，从自然生态系统的研究发展到人类生态系统的研究。其基本原理既可以应用于生物，也可以应用于人类自身及人类从事的各项生产活动。

（二）空间差异模型的构建

空间差异模型的选择，应充分考虑到样板区域具备以下条件：在自然环境上，是一个连续的复杂地理单元，同时具有代表性的地貌类型；在经济空间结构上，有等级不同的中心城市（或城镇）及其经济腹地，且行政单元稳定；在社会发展历史上，没有背离国家整体进程，发展具有“自然”的特征。

（三）时间序列模型的构建

按照时空等价的概念，将上述空间差异模型转化为预测区域未来发展趋势的时间序列模型。以此作为描绘区域经济发展的概念模型，表征从系统论的角度看，区域是开放的、处于不断动态演化过程中的复杂巨系统。演化的早期，区域经济的发展表现为一个随机过程，空间结构呈混沌状态；后期通过内部各子系统（人口、资源、环境、技术等）的非线性相互作用，产生一个时空相对有序的结构——耗散结构。当系统处于这个稳定状态一段时间后，系统内部又开始新一轮信息数量的积累，原来的有序结构（平衡）被打破，系统又开始进行一个更高层次的跃迁过程。从辩证唯物主义和历史唯物主义的角度分析，区域经济的发展演化过程是一个既包含量的积累，又包括质的跃迁过程；是从量变到质变的循环往复；是时间维上的波动性和空间维上的差异性互相耦合的运动过程，可以用 Logistic（回归分析）曲线来表征。

三、区域经济的协同发展方程

区域经济的协同发展，需要有动力，而动力的运动方向、运动速度、运动能量、运动方式和状态，都有一定的规律性。现代区域经济发展，既有物质的运动，又有人的运动。人的动力问题，是决定整个系统协同发展的关键所在。关于人的动力问题，除了要研究非平衡系统理论，还要在哲学的指导下根据动力学，结合经济学、行为科学、社会学、人体科学等，进行综合研究，以便能够在区域经济系统的时间、空间、结构、功能变化的情况下，不断给系统提供动力，推动区域经济不断协同发展。

（一）区域经济系统的演化和发展状态

系统的演化一般呈现两种状态，一种是渐变，另一种是突变。系统内的涨落是导致系统达到有序的主要原因。系统处于不同的状态时，涨落起着迥然不同的作用。当系统处于稳定状态时，涨落是一种干扰，它引起了系统运动轨道的混乱，此时系统具有抗干扰的能力，它迫使涨落逐步衰减，使系统又回到原来的状态和轨道，当系统处于不稳定的临界状态时，涨落则可能不衰减，反而会放大成“巨涨落”，使系统从不稳定状态跃迁到一个新的有序状态。所以区域经济一般情况下的矛盾运动使系统内经济呈现一般性的增长，当区域经济处于变革的不稳定状态时，一些偶然的事件就会使区域经济跨越一个新的阶段，发生结构性的突变，这为我们考察一些非连续性发展的区域经济提供了思路。

协同和异化作用是系统演化的动力和源泉。协同作用是系统内部自组织的一种力量，这种力量会协调各个要素之间的相互作用，使其“同步”在某种时间或空间的有序结构上，是各个要素之间相互作用产生的高级力量或是群体力量。系统内部除了协同作用，还存在异化作用，异化是与协同作用相对的一种作用，两者的矛盾运动推动了系统的进化过程。

（二）区域经济是一个多目标和多变量的综合体

区域经济系统具有非常复杂的相互依赖和相互制约的关系，单凭直觉和经验难以互相协同，所以如何使多变量协同最优，乃是区域经济发展过程中要解决的关键问题。建立发展方程的目的，就是要找到决定系统稳定有序的序参量以及外参量，并通过定量计算后，以它为依据来制定政策。序参量不一定是一个，它可以同时有几个，这主要视具体的经济系统情况而定。通过序参量的计算，可以找到稳定的有序结构形成的起点（分支点），它有可能是奇点或极限环。

（三）区域经济协同发展方程的建立

为了建立分析区域经济发展的定量模型，并对它求解，找出决定区域经济系统在外参量的作用下，从无序到有序的序参量，并以它来制定政策，加以控制，使区域经济向着稳定有序化方向发展，这就有必要建立区域经济的协同发展方程。

根据协同学和区域经济学原理，区域经济系统的变量分为两类：外变量和内变量。外变量又名控制变量，是由系统外部决定的，它可以控制内变量的变化。在经济计量学中称之为外生变量，对方程组来说是输入变量。它包括：①由政府决定的政策变量。如政府支出、税率、货币供给量、物价指数、投资额等，②人口总数，人口增长率，③气候等。内变量，是由系统内部决定的，在经济计量学中称之为内生变量，它由方程体系内部经济关系决定，根据方程求解得出，所以又叫输出变量。因为它反映区域经济系统的特征和状态，故又名状态变量。对一个特定的区域经济系统来说，它可能有多个状态变量，而序参量是起支配作用的状态变量。表征区域经济发展的特征变量有：区域生产总值、区域生产净值、可支配收入、就业率、物价上涨率等。

第四节　区域经济系统的发展

一、区域经济发展的要素分类

区域经济发展是多种要素共同作用的结果。如区位条件、资源禀赋、基础设施、政府政策以及社会环境等。这些要素类型的划分有多种形式。根据研究需要，我们将区域经济发展的要素分为：限制要素、一般要素和动力要素三种类型。当然，这种划分是动态的、相对的，一定条件或背景下三种类型的要素可以发生转换。

区域经济发展的一般要素：

区域经济发展的一般要素是指那些在任何区域经济发展过程中起基础性作用的资源和条件。这些要素的优化配置与合理利用，直接影响着区域经济的活力和竞争力。

首先，自然资源是区域经济发展的重要支撑。区域的土地、水、矿产等自然资源决定了该区域的初步发展方向和潜在产业基础。拥有丰富自然资源的区域，通常在农业、矿业、制造业等方面具有较强的基础优势。其次，人口与劳动力是区域经济发展的基本动力。劳动力不仅是经济活动的直接参与者，也是生产力的决定性因素。一个区域的劳动力规模、素质和结构，直接影响其生产效率和创新能力。高素质、专业化的劳动力不仅能提高生产效率，还能推动技术创新和产业升级。这些一般要素构成了区域经济发展的基础，通过协调和优化这些要素，可以为区域经济的长期稳定增长提供保障。

（一）区域经济发展的限制要素

所谓经济发展的限制要素，就是那些从根本上阻碍或制约经济发展方向、速度、格局的本源因素。经济发展的限制要素可归纳为：资源、地理环境、人口、制度、文化传统以及国际经济政治秩序等。前两者是自然方面的限制要素，后面的则是社会方面的限制要素。这两类限制要素对经济发展的影响表现形式各不相同。仅以文化传统要素和制度要素为例。文化传统要素，是一个区域的文化传统和社会价值观念，如果与现代社会所需要的文明程度相差甚远，就构成了经济发展深层的阻碍要素。比如保守的传统文化及其历史包袱对经济的负面影响是相当严重的。制度要素对经济发展既有促进作用，也有阻碍作用。正式约束和非正式约束能否健全地发挥作用，主要取决于制度的实施机制如何。离开了实施机制，任何制度尤其是正式约束就形同虚设。正式约束和非正式约束及实施细则，通过共同作用，构成了一个影响人的行为的制度结构和制度环境。

（二）区域经济发展的动力要素

在不同的国家或不同的区域，推进经济发展的条件和要素并不完全一样；其中有一些条件和要素，却是经济发展进程中都不可缺少的。那些对经济发展起着根本性决定作用的要素，可称之为经济发展的动力要素。具体而言，动力要素就是那些能够直接推动经济长期持续增长、促进社会经济结构发生转变的根本性的决定力量。动力要素与动力主体不同，任何经济活动的动力主体都是人，或是个人，或是群体，或是政府。而作为经济发展的动力要素，则涉及发展进程中的客观内在动因。真正的经济发展的动力要素，应该能有效地促进社会经济发展，并形成一种良性的内在的社会经济机制，从而能真正地促进产业结构的转换，带动技术进步，提高劳动生产率，推动经济发展进程。可以说，区域经济发展速度，在很大程度上取决于该区域所拥有的动力要素的形成及其强弱程度。

这里，我们要区分一下那些影响或促进经济发展的一般要素与动力要素。例如，有的经济学家认为，传统社会农业生产率的提高是工业化的前提条件和动力要素。确实，只有当农产品有剩余并以一个适当的比例持续增加时，才有可能为工业扩张提供资本积累和剩余劳动力，从而促进工业化和现代化。在某种意义上来说，工业化的进程要由提高农业生产率方面的进展来决定。但是农业领域生产率的提高和工业领域一样，都是生产技术进步的结果。有一些经济学家认为，资本积累是工业化的动力要素，如哈罗德—多马经济增长模型所显示的：资本的不断形成是经济增长的唯一决定要素。这一思想曾经影响了一大批早期发展经济学家。资本积累对发展至关重要。但后来许多理论和实证研究证明：资本与劳动力等资源投入的增加并非经济增长的唯一决定因素，技术进步和生产效率的提升同样对经济增长起着关键作用。新古典增长理论表明，长期的经济增长主要依赖于技术进步而非单纯的资本积累。资本与劳动力的合理配置、资源的有效利用以及创新能力的提升，都是推动经济持续发展的重要动力。因此，现代经济发展不仅需要传统的资本投入，还需要科技进步、制度创新和人力资源的发展来提供更为持久的动力。

关于经济发展的原动力，美籍奥地利政治经济学家熊彼特曾经提出过一个独特的创新理论。他认为，创新之所以推动着资本主义的产生和发展，是因为在它的背后存在着具有创新精神的企业家和起支撑作用的资本主义体制，可以说三者缺一不可。在这里，企业家及企业家精神，对于现代经济发展观念的形成，具有至关重要的作用，是一个不容忽视的十分关键的动力要素。另外，在经济发展中，来自系统内部的潜在的自组织动力也发挥着重要作用，是不容忽视的。

二、区域经济发展的动力源与原动力

（一）对“动力源”与“原动力”的理解

动力源，即动力的来源、起源、源头，是指某种动力产生的最重要的基础条件，即动力产生的本源，没有这个本源，动力就根本不会产生。原动力，是在动力源的基础上，通过某种“动力机”（发动机）将其转换成的使“机械”做功的基本作用力。

我们知道，能源是各种运动的重要动力源。煤炭、石油、天然气、太阳能等，这些在工业社会中最重要的动力源，在未来社会中也将必不可少。上述这些能源也叫作一次能源，它们可以通过一系列手段转换成二次能源，如电力、煤气、汽油等。能源在社会发展中具有十分重要的作用。在现代社会中，没有能源或者能源不足，社会发展就是一句空话。但是，仅有能源也是不够的。18世纪下半叶，第一次产业革命的主要标志是蒸汽机的广泛应用，蒸汽机解决了能源转换成动力的问题，使煤炭、石油等真正拥有使用价值，从而促进了煤炭工业、机械工业、冶金工业、纺织工业的发展，工业开始形成体系。19世纪末20世纪初，电力开始广泛应用，工业生产由蒸汽时代进入电气时代，工业部门结构随之发生根本变化，工业发展进入新纪元。随着社会的发展和人民生活水平的提高，全社会对能源的需求量越来越大，能源工业也成为国民经济的重要物质生产部门之一。

区域经济发展动力源和原动力的分析与上述分析相类似。区域经济发展动力源是区域经济发展动力的源头，是区域经济动力产生的基础条件，而区域经济发展原动力是在动力源基础上通过某种制度、方法、工具、机构将其转换成的推动或拉动区域经济发展的基本作用力（“基本作用力”可以理解为“一次作用力”，即没有经过二次转换的作用力）。两者既紧密相连，又具有本质区别。

区域经济发展的动力系统中，存在着诸多影响区域经济发展的内部动力、外部动力以及阻力，但这些力大多是“二次作用力”，即经过转换形成的力。除源自区域经济本质和资本投资的动力，笔者认为，区域经济发展最主要的动力源是人的需要。

（二）区域经济发展的动力源

按自然属性可将系统分为自然系统与人工系统两大类。区域经济系统是一个有人参与的人工系统。经济发展的动力有广义与狭义之分。从广义说，是指一切能够促进经济发展的所有积极因素。具体地说，它包括主体和客体两大要素。主体要素就是“主观生产条件”——“活着的劳动能力、合目的地表现出来的劳动力”。客观因素即客观生产条件生产资料。主体动力主要表现为：劳动者追求自身经济利益和劳动价值的充分实现为直接动因的自发性动力；在物质利益激励机制作用下，以追求社会利益和自身利益相统一为动因的物质激励性动力；在精神利益激励机制下，以追求社会理想目标为动因的精神激励性动力等几种形式。综合起来，无论是哪种动力表现形式，都来自“人”的需要。因此，人的需求是区域经济发展的动力源。没有人类的需求就谈不上经济活动，经济也就无法运行。正是人类需求原有的拉动作用促进了经济活动的扩展。

按照马斯洛的人类需求层次学说，人类需求从低级的和基本的生理需要（如衣、食、住等）向高级的、享受型和发展型方向演进。即使是基本的需求也有从质量较差到质量不断提高的推进过程。可见，人的需求是永无止境的，正如太阳黑子的“黑洞效应”一样，拉动着经济不停地向前发展。因此，一个区域所拥有的市场购买力是经济发展的拉动因素之一。

在现实经济生活中，人类的潜在需求是随着经济发展而逐步转化为现实购买力的。有效需求是许多因素决定的，它与经济发展水平、人们需求心理以及人口规模密切相关。需求心理通过有效需求影响着经济运行。凯恩斯认为：“决定消费多寡的主观、社会动机主要有八种：谨慎、远虑、计算、改善、独享、占有、自豪与贪婪。相应的消费动机为享受、短见、慷慨、失算、炫耀与奢侈。”并且，这些动机之强度，“随所假定的经济制度与经济组织，随种族、教育、成规、宗教及流行道德观念等因素所形成的习惯，随现在希望与过去经验，随资本设备之多寡与技术，又随目前财富分配办法，以及社会各阶层已经确立的生活程度，而大有不同”。不过，凯恩斯在分析短期就业量时，“把主观储蓄动机以及主观消费动机之主要背景看作是已知数”。但在分析寻找区域经济发展的动力源时，不能不考虑上述需求心理差别，尤其是不同经济体制、经济组织与习惯等因素对动力源功能的影响。

由于人有多种需要，并且具有复杂的关系，任何人在行动的时候都要受某种力量的驱动，其驱动力大小直接来源于个体在行动之前或行动之时、行动之后的精神状态，即由感觉、知觉、意志、技能、情感等心理活动要素所组成的精神状态。这种精神状态受需要满足程度来决定，具体受两个主要因素影响：一个是物质激励，一个是精神激励。物质需要是人类基本的需要，人类要生存、繁衍、维系家庭需要物质财富，人类要获得安全保障、与人交往需要物质财富，人类不仅要维持原有的生活水平，还要不断提高，更需要越来越多的物质财富。从人出生的那一天起直到其离开人世，对物质的需要是不断的（尽管不同的人对物质需要的程度不同）。正因为人类对物质财富、欲望的无限性，人类社会才会有动力，才能不断向前发展。同样，精神需要也是人类的基本需要，这是人类区别于其他动物的主要标志之一。作为个体的人，有是非、善恶、美丑之心，有对权力、地位、荣誉、感情等方面的追求，正因为如此，社会才有道德、法律、规范，经济生产经营活动才会有秩序，管理才会有效。所以，人类物质需要和精神需要的存在对人类、对社会、对区域经济都是十分重要的，离开了哪一方面都是孤立的、不全面的，过分强调某一方面，都是违背辩证法和客观规律的。

（三）区域经济发展的原动力

市场竞争是区域经济发展的原动力。竞争是市场经济的本质特征和核心内容，它是指经济主体在市场上为实现自身的经济利益和既定目标而不断进行的角逐过程。当然，这种角逐是建立在市场需求存在的基础上。区域经济间在市场中的竞争关系表现为区域与区域在市场中的相互排斥作用。区域间在市场中竞争关系存在的根源在于追逐自身经济利益过程中的排他性。从这种意义上而言，任何一个区域与其他区域经济之间在市场中的关系都具有相互排斥的一面、相互竞争的一面，这是在由市场规模的约束和消费者选择可能的多样性所带来的不确定性限制下区域经济间关系的一般反映，它也表明区域与区域之间都存在竞争关系，而不管这种竞争关系是直接的还是间接的。

区域经济竞争关系的存在是市场关系的一种反映，是一种客观存在，同时竞争也是市场机制的重要特点。就竞争机制对区域经济的作用而言，也是在市场其他机制如供求机制、价格机制等发挥作用的前提下，并与其他机制相互联系、相互制约的交互作用中实现的。区域经济正是在竞争机制的规律性作用下，在资本增殖的内在驱动与外部市场竞争压力的双重作用下，在区域经济竞争关系的变化中走向扩张、逐渐发展的。

当然，在激烈的市场竞争中有大量的企业被淘汰出局，成为市场竞争的牺牲品，这是市场机制作用的必然结果，也是市场配置资源、优胜劣汰的内在要求。正因为如此，区域企业一进入市场，就面临着市场机制的双重作用力，一个是市场机会和利益的吸引力，一个是市场竞争对手的压力。这两个作用力作用于区域的各个层级组织、作用于区域经济的各项活动，迫使区域经济不断创新，不断进行资本扩张、优化结构、改进质量、提高市场占有率、提高区域经济核心能力、提高投入产出率，从而使区域经济得以发展。

三、区域经济发展动力要素关系模型

区域经济发展受到多方面综合因素的影响，其推动力由各种动力形式构成。同时，区域经济发展是一个动态性过程，在动态的发展中它要受到不同作用力的影响。

（一）理论模型

如果把一个国家或地区的经济发展看成是一个经济体沿着时间坐标不断向前运动的过程，这与物理学的研究就十分相似。物理学主要研究物体的空间运动规律；经济增长理论实质上就是研究经济体的时间运动规律。

（二）直观模型

从系统论角度看，区域经济发展是一个动态的系统过程。区域经济发展动力越大，区域经济的发展速度就越快，反之亦然。由此可以推论，一个区域要实现持续快速的经济增长，就必须着手解决区域经济系统的动力问题，使之不断有新的动力产生，并不断对区域发展形成新的推动。

四、区域经济发展动力系统的建立

（一）区域经济发展动力系统构成分析

1．动力系统构成的理论分析

关于区域经济发展动力系统的研究，国内外理论界尚不多见。笔者认为，区域经济发展动力应该包括区域经济发展的外部动力和区域经济发展的内部动力两大部分。区域经济发展的外部动力与区域经济发展的内部动力分别指推动区域经济发展的外部力量和内部力量。区域经济发展要有内外部动力的牵引和推动，同时，还要不断克服发展过程中产生的各种阻力，阻力越大，区域经济发展速度越慢。当阻力等于动力时，区域经济就会停留在某一个阶段，当阻力大于动力时，区域经济就可能出现下滑的趋势。区域经济发展的外部动力主要来源于市场需求、竞争对手、政府行为和科技进步等；区域经济发展的内部动力来源于区域内企业家及其员工的物质追求和精神需要（需要满足度越高，人的素质越好，动力就越大），还有区域经济的自组织力。区域经济发展过程中的阻力则来自信息的不对称、管理水平滞后、保守文化等。

2．动力系统的子系统及其作用关系分析

通过综合分析笔者认为，区域经济发展的动力系统由四个子系统构成。即自组织结构动力系统；技术创新动力系统；制度创新动力系统和文化动力系统。

在四个子系统内都标有相应的主要构成要素。它们都是开放的系统。系统与系统之间，系统与要素之间以及要素与要素之间都存在着强烈的作用关系；特别是动力系统的子系统，在一定的经济活动中，通过相互协同作用（不排除动力系统以外其他单一要素流的流入）与耦合，进一步形成功能强大的“合动力网络”。“合动力网络”功能（因为在相互作用过程中，动力系统以外的其他单一动力要素流可能流入系统内）将决定区域经济的发展方向。所谓“合动力网络”就是动力系统的子系统之间，子系统与其他单一要素之间，在经济活动中彼此促进，交叉融合，协同发展而成的动态网络。

3．系统动力对区域经济发展的作用机制

由于各个子系统结构与功能的差异，因此，它们产生了不同的系统动力。自组织结构动力系统产生自组织系统动力，其他三个动力系统产生他组织系统动力，两大系统动力共同作用于区域经济系统，推动区域经济系统的演化与发展。

（1）自组织结构动力系统。主要构成要素：涨落、交叉、突变、循环、分叉、序参量、主导产业等。动力的表现形式：涨落力、协同力、复制力、循环力、催化力和结构力等。功能的实现过程：系统内部的组织过程在内在机制的驱动下，通过与外界交换物质、能量和信息，不断地降低自身的熵含量，自行从简单向复杂、从粗糙向细致发展，不断提高自身的有序度，组织结构和运行模式不断地自我完善，从而不断提高其对于环境的适应能力，使系统内部结构经历了原有结构稳定性的丧失和新的有序结构建立的过程，在这个过程中涨落的触发作用，役使新的产业诞生、成长，并不断自我复制、交叉，通过竞争与协同形成了以主导产业为主的序参量。主导产业的更替与发展过程是区域经济发展的主要表现形式。

（2）技术创新动力系统。主要构成要素：政府、企业、科研院所、高等院校、中介机构、技术、制度等。动力的表现形式：技术推力、市场拉力、扩散力等。功能的实现过程：由政府、企业、科研院所、高等院校、中介机构构成区域技术创新系统，通过发挥技术创新系统的功能来推动区域经济的发展。即通过技术创新使新的科技成果走向市场，首次转化为现实的生产力，又通过众多的企业对创新进行模仿，随着技术创新扩散，而产生了乘数效应、增值效应和优化效应，使技术创新逐渐植入经济领域并产生扩张效应。技术创新→进入市场→企业模仿→生产的过程，就是技术推力→市场适应力→扩散力的实现过程。因此，技术创新对区域经济发展具有决定性作用。

（3）制度创新动力系统。主要构成要素：正式约束、非正式约束、制度安排、制度变迁、交易费用等。动力的表现形式：约束力、竞争力、合作力、引导力、政策力等。功能的实现过程：制度动力的一个显著特点是它的强制性。制度确定的竞争与合作关系，使得在经济主体间产生了竞争与合作的关系，形成了市场经济的基础。制度对经济发展的影响是通过一系列的规则来界定和约束人们的选择空间，发挥制度能改变区域经济结构、收入分配结构以及改变资源配置的可能性功能来实现的。当引入一种新的制度后，就为每一个追求利益最大化的经济行为主体规定了约束条件。因此，制度创新通过改变交易规则来为区域经济增长创造条件。这是一个非均衡的过程，由最初的“极化”向“扩散”转化，构成了区域经济发展的过程。

（4）文化动力系统。主要构成要素：文化观念、文化定式、文化模式、文化效应、制度文化等。动力的表现形式：激励力、导向力、凝聚力等。功能的实现过程：文化动力首先作用于人的思想观念，进而进入经济领域的各个层面。人的智力、精神动力能为经济发展提供无限的动力，并形成长久的促动效应。因此，文化真正成为社会的可再生资源。在文化的三种作用力中，激励力赋予区域经济以活力，导向力赋予区域经济以价值意义，凝聚力则赋予区域经济以组织效能。缺乏其中任何一种功能，或者其中哪一方不适应，都会给区域经济发展带来负面影响。

（二）区域经济发展动力系统的主要特征

1．区域经济发展动力系统的整体性

所谓动力系统的整体性，是指动力系统不是各种动力要素杂乱无章的随机组合，各种动力之间不是毫无规律的偶然堆积，它是由许多动力子系统、子子系统按照某种目的或功能组合起来的有机整体。因此，在对其各个组成部分——具体的动力要素的功能和特征有了一定的理解之后，应在此基础上把动力系统作为一个整体加以研究，从整体与部分相互依赖、相互结合、相互制约的关系中揭示区域经济发展动力系统的特征和运动规律。系统科学中的一个重要思想——系统的整体功能并不是各部分功能的简单加总，作为一个整体的系统可能产生一些组成部分所没有的新功能。同样，对于区域经济发展的动力系统而言，判断和分析整个动力系统的功能和效率决不能简单地从某个动力要素的功能和效率的分析中就得出结论，必须从整体上分析各种动力要素之间的相互关系，这样才可能得出正确的结论。

2．区域经济发展动力系统的结构性

所谓动力系统的结构性，是指在动力系统内部各种动力要素之间，都以一定的组织形式或结合方式联系在一起，并彼此相互发生作用和影响。各种动力要素之间的这种组织形式或结合方式就反映了动力系统的结构特性，动力系统的结构对于动力的功能也有着重大的影响，由于区域的差异性，使得在不同的区域内，可能存在着各种不同动力要素，即使在同一区域内，也可能有着相同或类似的动力要素，动力结构的不同可能使动力系统的功能出现巨大的差异。

3．区域经济发展动力系统的有序性

动力系统的有序性是相对动力系统的无序性而言的。动力系统的无序性是指在动力系统中，各种动力要素之间在功能和目的上存在矛盾和冲突。动力系统的无序性大大影响动力系统功能的发挥，而动力系统的有序性则表明了系

统内部组织的合理程度，它是决定整个动力系统的功能能否充分发挥的重要因素。系统的有序性越强，其不确定性就越小，所传递的信息也就越明确。在区域经济发展过程中，无论是地方政府、企业，还是理性的“经济个体”，都在积极寻求或采取措施，最大限度地增加区域经济发展动力系统的有序性，因而从这个意义上讲，动力系统本身的有序性问题就更为重要。

4．区域经济发展动力系统的开放性

所谓动力系统的开放性，是指动力系统能与外界的环境交换信息、能量，特别是允许环境中的因素对原有的动力系统进行影响和改造，使动力系统能够根据环境的变化，而不断演化和发展。动力系统的开放性是动力有序性的重要保证，只有当一个系统是开放的，才能不断地从外界环境中吸取负熵流，使系统内的熵值保持不变或不断下降，这样系统内的有序性，才可能保持稳定或进一步增强。同样，在动力系统中，系统的开放性也是决定动力系统有序性的重要因素。

（三）区域经济发展动力系统的结构特性

动力系统结构是区域经济发展动力系统内，各动力要素内在的有机联系形式，它在整体上表现出种种属性。根据系统理论，结构是功能的基础，功能是结构的表现，动力系统是结构与功能的统一体。

1．动力系统结构的稳定性

稳定性是动力系统存在的一个基本特点。一个区域经济系统的结构一旦形成，那么，作用于其内的动力系统就趋向于某一状态，这就是动力系统结构的稳定性。

2．动力系统结构的关联性

动力系统依赖于区域经济系统，从某种意义上讲，动力系统是区域经济系统的子系统，动力系统的结构直接受区域经济系统结构的影响，它们之间具有关联性。

3．动力系统结构的开放性

区域经济系统是一个开放系统，总是处于特定的社会和自然环境之中，并且与外界发生物质、能量和信息的交换，在与环境的交换过程中，由于受多方因素的作用，动力系统的结构会发生或大或小的调整和变化。为了加强区域经济的发展，会根据经济系统的自身特点，调整动力要素，因而动力系统结构又具有可变性。

4. 动力系统结构的层次性

动力系统是一个复杂系统，其结构具有多层次的特点。从区域经济结构来看，区域存在着多种相互作用的动力，这些动力可以划分为三个层次：第一层次是各个子系统内部诸因素之间的相互作用；第二个层次是两个子系统之间的相互作用；第三个层次是整个区域的各个子系统之间的相互作用，正是这种相互作用推动了区域经济的发展。

第四章　区域绿色经济产业的体系创新

第一节　绿色经济下的产业发展

一、绿色经济与低碳经济

早在1989年，英国环境经济学家皮尔斯首次将绿色经济作为一个概念提出，但作为一种崭新的并且能够引领世界经济活动前端的话题，最早的提出者是联合国秘书长潘基文。在他的极力倡导下，全世界全力推广绿色经济和低碳经济，这也标志着“全球共识”已经从一种可持续发展的理念、一种关于全球气候变暖的共识，转化为一种可以实际操作的生产方式、生活方式。

低碳经济是一种与环境和谐的经济发展模式，即以资源高效利用和循环利用为核心，以资源低能耗、二氧化碳低排放、物质生产高效率为基本特征，以生态产业链为发展载体，以清洁生产为主要手段，以达到资源有效利用的经济和生态环境可持续发展的目标。

绿色经济与低碳经济之间既有联系又有区别。相同的是两者都是运用生态学规律来指导人类社会的经济活动，都主张减少资源消耗，主张节约资源、环境友好和注意环境保护的经济，低碳经济与绿色经济都是以可持续发展为目标，都提出人与生态环境的和谐发展。

低碳经济与绿色经济的不同之处：一是两者是在不同的背景下提出的，低碳经济是人类针对全球气候变暖的现象而提出的，力求降低所有导致温室效应气体的排放，绿色经济则是人们针对日益严重的资源、能源危机，最大限度减少人类对生态环境资源的破坏而提出的能实现经济、生态环境可持续发展的经济形式。二是低碳经济通常被看作一种经济的发展形式，学者们将绿色经济考虑为一种全新的经济核算方法，低碳经济偏重的是降低导致温室效应的气体排放量，绿色经济偏重的是资源节约与循环利用；三是低碳经济的考量指标是单位 GDP（Gross Domestic Produc）中 CO_2 的排放量，也就是说，低碳经济是个量指标的考量，绿色经济则是国内生产总值核算的全新方法，往往被看作总量指标的考量。

从可持续发展的视角出发，传统的国民经济核算体系还未将资源变化的状况纳入考量范围，同时，在国民账户中也不计环境资源、自然资源成本。为解决上述难题，世界银行与联合国统计署联合行动，试图将环境成本纳入国民账户体系的考量范围，构建经过环境资源、自然资源调整的净国内收入核算体系。在尽量维持现有国民账户核算体系概念和基本原则的条件下，将环境成本纳入现行的国民账户信息核算体系中。生态环境成本、生态环境收益、自然能源、自然资源以及用于生态环境保护支出的费用，均以与国民账户核算体系相同的方式列出。

如将环境影响考量在其中，则须将国内生产净值调整，即绿色国民账户＝最终消费品＋（产品资产的净资本＋非产品资产的净资本－环境资产的消耗与退化）－（出口额－进口额）。我们在注重发展低碳经济的同时，也要大力发展绿色经济。低碳经济要求我们节能、减排、降耗；绿色经济要求我们最大限度减少对自然资源、能源的消耗以及对生态环境的损害，维护经济、生态和谐发展。同时大力发展低碳经济与绿色经济，两者互相依赖、互相促进，既是对方的发展过程，又是对方的发展结果。

二、绿色经济和低碳经济下的产业创新

（一）绿色低碳的农业创新

绿色低碳农业是一种现代农业发展模式，以实现可持续发展为目标，以技术研发、模式创新、产业转型、新能源开发利用等为手段，通过加强基础设施建设、调整产业结构、提高农业土壤有机质含量、做好病虫害预防、发展农村可再生资源、综合利用农业废弃资源等方式，实现低能耗、低污染、低排放、高效率、高碳汇的农业。发展绿色低碳农业的关键在于降低气候对农业生态系统的影响，提高农业生态系统对气候变化的适应能力，同时以实现碳中和为目标，维持生物圈的碳平衡，也就是说，认为排放的 CO_2 与通过人工措施吸收的 CO_2 能实现动态平衡，以实现农业生产发展与生态环境保护的双赢。

（二）绿色低碳的工业创新

绿色低碳工业是以低能耗、低污染、低排放为基础的新型工业生产模式，其实质是能源高效利用、清洁能源开发等，其核心是能源技术和减排技术创新、产业结构和制度创新。绿色低碳工业是绿色低碳发展体系的核心环节，是全社会绿色经济发展的重点。工业领域实现绿色低碳的经济模式，实现集约资源、降低排放的目标，是工业自身的发展需要，更是建设资源节约型、环境友好型社会的必要途径。工业生产中的资源节约、环境友好是指为获得单位产出仅使用较少的资源，且对环境的负外部性相对较低的生产方式。通过发展高新绿色技术产业和对传统产业进行绿色技术改造，发展科技含量高、经济效益好、资源消耗低、环境污染少、人力资源优势得到充分发挥的绿色工业，建设资源节约型、环境友好型工业体系。绿色低碳工业是通过技术创新、产业转型、新能源开发等手段，尽可能减少煤炭、石油等传统的高碳能源的消耗，降低环境污染水平，达到经济发展与生态保护双赢的新的产业发展形态。大力发展绿色低碳工业目的是摒弃以往的先污染再治理、先低端后高端、先粗放后集约的老路。建设绿色低碳工业体系必须实现“工业低碳化”。工业低碳化是低碳经济发展模式下的新型产业革命，通

过技术进步、行业优化、结构升级，由高能耗、高污染、高排放的“三高”产业，转为低能耗、低污染、低排放的“三低”产业，真正实现从“黑色”走向“绿色”的突破性转变，形成绿色低碳工业结构。

（三）绿色低碳服务业的创新

绿色低碳服务业是现代服务业的发展方向，其主要含义是指以信息技术及现代化理念为依托的信息和知识相对密集的服务业。相对于传统服务业，绿色低碳服务业不仅突出了信息、知识含量高和技术密集的特点，而且引入了绿色环保的理念，减少资源浪费，将环境污染降至最低。有的国外学者用“知识型服务业”来描述服务业的新变化，而中国学者往往更倾向于以“绿色低碳服务业”来阐明服务业新的发展方向，它包括对传统服务业的技术改造和升级，同时强调高技术、高知识以及满足生态环境的可持续发展。低碳服务业具有更广阔的外延，它涵盖一切服务于低碳经济发展、为实现低碳目标提供节能减排的服务，例如低碳科技研发、低碳设计、碳汇服务等。目前来看，单从能源消费、管理模式界定节能服务业过于狭隘，不能涵盖新产生的低碳金融服务项目，也不包括低碳金融中介服务，例如碳税的制定与实施、碳交易市场的开发与培育、低碳教育与培训、低碳理念的宣传等。因此，以“绿色节能服务业”定义的低碳服务业出现了概念上的盲区。本书将低碳服务业的概念界定为：加速低碳经济发展，促进服务低碳城市构建以实现降低碳排放量为目标的各种相关服务在市场机制作用下集聚而形成的产业。

三、绿色低碳经济下的区域创新——区域绿色创新体系

（一）区域绿色创新体系的内涵

传统的以三高（高投入、高排放、高污染）为代价的粗放型经济增长模式很大程度上限制了区域经济的可持续发展，资源、能源的短缺以及环境污染问题越来越受到广泛的关注。转变传统的以“三高”为代价的经济增长方式，着

力推进节能、减排、降耗的绿色低碳经济发展已经在全球范围内达成共识。树立绿色和低碳的发展理念，提高生态文明水平，形成节约资源、节约能源和保护生态环境的产业结构、增长方式以及消费模式。

加快推进自主创新，紧紧抓住新一轮世界科技革命带来的战略机遇，更加注重自主创新，加快提高自主创新能力，加快科技成果向现实生产力转化，加快科技体制改革，加快建设宏大的创新型科技人才队伍，谋求经济长远发展主动权、形成长期竞争优势，为加快经济发展方式转变提供强有力的科技支撑。加快推进生态文明建设，深入实施可持续发展战略，大力推进资源节约型、环境友好型社会建设，加快推进节能减排，加快污染防治，加快建立资源节约型技术体系和生产体系，加快实施生态工程，推动整个社会走上生产发展、生活富裕、生态良好的文明发展道路。

绿色创新指的是创新主体以可持续发展的实现途径和手段为价值取向，采用系统、科学的方法开发新的技术和持续增长的观念、行为、技艺、方法的总称。它追求的是经济效益最佳、生态效益最好、社会效益最优、技术效益最大化四大效益的有机统一。绿色创新的目标与生态文明建设目标一致，其最终目标是以人为本、科学发展。绿色创新的核心是绿色技术创新和制度创新，也涉及绿色技术研发、清洁能源开发的区域绿色创新系统的构建。区域绿色创新系统指的是在区域内，和绿色创新整个过程相关的企业、政府、高校、科研院所、中介、金融机构等组织机构构成的创新网络体系。其构建目的是服务于国家和区域的绿色低碳经济的发展，提升区域绿色技术创新与绿色制度创新能力以及创新效率。

根据可持续发展的理念，区域绿色创新需要以节能、降耗、减排的绿色低碳经济发展的内在规律为出发点，探究区域发展中环境污染的根源。区域绿色创新的根本目的是顺应绿色经济、循环经济的发展要求，是实现现代绿色产业体系的关键环节。区域绿色创新是加强企业自主创新能力、形成企业长期竞争优势的同时，又加强生态文明建设，推进节能减排，推进资源节约型、环境友好型社会建设，实施可持续发展战略的综合性创新实践，其在完善现代产业体系的同时，也是和我国发展方向完全吻合的。

（二）建设区域绿色创新体系的意义

我国经济飞速进步，这是在市场化改革推动下的工业化和城镇化深入发展下所取得的成绩。但是，单一的城市化和城市工业化加大了对土地需求的规模，社会总资本在城市的集中以及农村要素资源的流失使城乡在财富创造、生活质量和社会保障方面的差距扩大，二元结构明显。要解决城乡发展失调问题，实现城乡共同发展，首先要在深入贯彻节约资源和保护环境基本国策的前提下，在工业化、城镇化深入发展中，同步推进现代农业化，只有加快发展现代农业，完善农村发展体制、机制，才能顺利走上中国特色新型工业化道路；发展结构优化、技术先进、清洁安全、附加值高、吸纳就业能力强的现代产业体系，才能够严格按照主体功能区定位，以特色产业为支撑，促进区域协调发展，科学制定城镇化发展规划，促进城市化健康发展。本书认为，建立区域绿色创新体系是建设生态文明的重要手段，通过绿色创新使生态文明建设落到实处，有利于实现全面建成小康社会的目标，有利于坚持科学发展，更加注重全面协调可持续发展，在城镇化与经济全球化、新型工业化、低碳化、农业现代化相适应的新思路中，从构建区域绿色创新体系的视角去寻求城乡协调发展的工业化、生态城镇化、农业现代化与市场国际化同步推进下的区域绿色创新体系的发展战略和实现途径。基于绿色低碳发展理念，只有提高市场一体化和国际化水平才能完成工业化进程，建设资源节约型、环境友好型社会，参与全球产业链分工战略，在更高的层面上利用国内外两种资源和两个市场，才能更好地发展现代绿色农业、现代绿色低碳工业以及现代绿色服务业，使中国的区域经济通过内生增长、创新驱动和结构优化的发展，实现经济转型，并且把区域绿色创新体系的建设作为转变经济发展方式的重要着力点。

（三）区域绿色创新体系的运行机制

在新型工业化、生态城镇化、市场国际化深入发展中，同步推进农业现代化，实现城乡互动和工农互促，走城乡协调发展的道路，实现城乡一体化目标。工业化、城镇化推进的重点将不是特大城市，而是广大中小城市和小城镇，它们是城乡联系的纽带，是实现城乡协调发展的重点。基于绿色创新的理念和发展机制，要形成经济社会进步与环境保护和谐统一的发展模式，在推进工业化、城镇化、农业现代化与市场国际化发展中，把生态文明提升到战略高度，建立不同区域生态文明水平考核指标体系。在“四化”同步推进中通过区域绿色创新体系来提高生态文明水平，构建资源节约、环境友好的生产方式和消费模式，增强可持续发展能力。考核区域经济发展和社会发展水平，不是看人均 GDP 和城镇化率，而是看城乡一体化实现程度和区域绿色创新能力与区域绿色创新绩效。

（四）区域绿色创新体系的构成

从狭义上讲，区域创新体系的构成就是区域科技创新组织系统的构成，包括知识创造系统、技术创新系统、技术扩散系统以及成果转化系统。从广义上讲，还包括创新战略系统、创新支撑系统。本书认为，区域绿色创新体系包括绿色知识创造系统、绿色技术创新系统、绿色政策支持系统、绿色创新服务系统以及绿色创新文化系统。

第二节　绿色经济下的创业模式

一、区域绿色创新体系与现代产业体系的互动发展机理

（一）现代产业体系是建设区域绿色创新体系的产业载体

产业结构软化是现代产业体系的发展趋势，为绿色创新提供了发展空间。

有学者认为，产业结构软化是产业发展的一种必然趋势，是指产业转型和结构优化体现出的非物质化趋势。换句话说，产业结构软化是指以知识信息与科学技术为基础，随知识信息、科技变化而变化的产业结构演进的过程。产业结构在演进的整个过程中，对知识、信息、服务、科技等“软实力”的依赖程

度日益提高，同时在整个产业结构演进的过程中，对体力劳动以及物质资源的依赖相对以往有着很大程度的降低，脑力劳动等非物质资源的投入比重日益增加。所以，从产业结构来看，以往以劳动密集型与资本密集型产业为主导的产业结构将逐步被信息技术、知识技术密集型产业取代。产业结构软化、创新与导向相结合，较好地体现了现代产业体系的特征。

产业结构软化加快了绿色产业体系的形成和绿色创新体系的建立。这种软化既表明“硬产业”中科技创新和知识创新等战略性资产“软”要素的增大和强化、“软产业”内部智能投入的增加，也表明“硬产业”内部有形“硬”要素的相对弱化、基础设施与硬件设备投入的相对减少。从本质上说，产业结构是产业的知识化与知识的产业化的有机结合，是知识等非物质资源逐步替代能源、自然资源等物质资源，成为产业资源要素的主要对象和各产业之间关联的核心环节的过程。物质产品的生产、各类生产性服务的提供更注重资源的节约。建设资源节约型社会，即节约型农业、节约型工业、节约型服务业和节约型经济，以促成绿色产业体系的形成和绿色创新体系的建成。发展依靠人，发展为了人，“以人为本”是发展的根本目标，现代产业体系是基于绿色低碳理念，建设环境友好、实现“以人为本”目标的最好方式，没有现代产业体系就没有绿色创新体系。

（二）区域绿色创新体系是建设现代产业体系的实现手段

1. 区域绿色创新体系有利于加速新的产业部门形成

区域绿色创新体系的构建促进了新的产业或产业新的部门产生，大大地推进了新产业的发展壮大。绿色创新体系对产业发展的促进作用往往被认为是跨越式的，这主要是因为绿色创新并不是连续的，尤其绿色技术创新十分缺乏连续性。绿色创新的连续性非常重要，然而，渐进式的科技发展并不能满足企业以及社会的需求，所以，激进型创新就显得尤为重要。当然，激进型创新往往不具备连续性，激进型创新一旦发生，则会极大推进产业科学技术的发展，甚至改变整个产业技术体系演进的路径，形成新的产业或产业群。

绿色创新在促进产生新的产业种类的同时，还能在很大程度上改造或升级陈旧的产业与部门。新型的设备与技术或者高水平的技术人才在旧的产业平台也会得到较好的应用，这样，老产业在新技术、新设备、新管理的作用下，潜力也会得到最大限度的开发，促使老的部门、产品或服务升级优化。这一点有别于熊彼特提出的“创造性的毁灭”，绿色创新，尤其是绿色技术创新并不一定意味着传统产业的消失灭亡，有些时候新技术也会对传统产业起到优化升级作用，促使传统产业以崭新的面貌在国民经济中重新扮演重要的角色，也就是说，传统产业一样会为新兴产业提供强有力的支撑和保障。所以，绿色技术创新会不断扩展产业结构的内涵，例如计算机的发明不但没有取代传统制造业，反而将传统制造业推向前所未有的高度。这也就是说，构建绿色创新体系并不意味着传统产业的消失，同时传统产业也并不妨碍产业结构逐步升级优化。

2．产业关联应以区域绿色创新体系的构建为核心

产业关联，是指在社会生产中不同产业、不同部门之间存在的广泛的、复杂的和密切的技术、经济联系。产业之间的关联往往被分为前向关联与后向关联。赫希曼指出，所谓前向关联，是指通过特定的供给关系与其他产业或其他部门发生的关联，当产业 A 在经济活动中需要利用产业 B 的产出时，对产业 B 来说，它与产业 A 的关联就被认为是前向关联。后向关联指的是通过需求关系与其他产业部门发生的关联，例如，对炼油产业来说，它与石油开采业的关联就是后向关联。

产业关联度指的是不同产业之间相互联系、相互依存的程度。产业关联度包括产业影响力和产业敏感度两方面。产业影响力反映的是产业后向关联程度。如果某产业的影响力系数大于 1，则该产业的影响力较强，会对其他产业产生明显的推动作用；如果影响力系数小于 1，则对其他产业的影响较弱。产业感应系数描述的是产业的前向关联程度。如果某产业的感应系数大于 1，表明该产业感应程度高，容易受到其他产业部门的影响；如果产业的感应系数小于 1，则表明该产业不易被其他产业影响。

3．绿色创新引导需求结构变化，从而推进产业结构高度化

需求结构对产业结构的影响非常明显，如果没有需求结构的变化，产业结构就不会演进。同样，绿色创新对需求结构也是有影响的，会引导需求结构的

发展方向。即使有需求存在，如果没有与之相对应的供给能力，也无法生产满足这种需求的产品，所以说绿色创新活动对需求具有刺激作用。举一个简单的例子，在微波炉问世之前，人们并不认为自己需要类似微波炉的产品，因此不存在对微波炉的需求。但是微波炉问世之后，人们发现这个产品很方便，于是纷纷购买，几乎成为家庭必备的家用电器之一，这就是创新刺激需求变化的最有力说明。这表明在需求结构发生变动之前，必须有产业升级的创新机制或重大技术突破的产生，尤其是重大的结构改变。如果没有绿色技术的创新，民众从对传统创新需求向绿色创新转变将是缓慢的，相应的绿色产业结构调整的脚步也只能放缓。从这个角度看，需求结构的改变往往是介于科技创新发生和产业结构变动之间的。

另外，绿色技术进步将降低生产成本，进一步扩张市场，需求结构也会相应变化。由于民众消费的是最终产品，如果对最终产品的需求发生变化，势必改变产业的布局，产业结构也会随之发生变化。随着内部需求的不断增大，绿色的技术创新作为新的环保、节能产品或服务的主要驱动力之一，将促进产业结构升级，进一步拓宽广大民众的需求结构。通过绿色创新实现产业升级，其意义不仅是产业间的升级，更重要和更具普遍意义的是产业内的升级，即工艺升级、价值链升级和产品质量升级，以形成高品质制造、精致制造的产业素质，提高中国产业的国际竞争力。

二、基于区域绿色创新的现代产业体系的机制与模式

（一）基于区域绿色创新的现代产业体系构成

1. 主体产业群：现代产业体系的保障

促进信息化与工业化相融合，优先发展现代服务业，加快发展先进制造业，大力发展高新技术产业，改造提升优势传统产业，积极发展现代农业，建设以现代服务业和先进制造业双轮驱动的主体产业群，形成产业结构高级化、产业发展集聚化、产业竞争力高端化的现代产业体系。

现代产业体系的主要结构是现代服务业、先进制造业和现代绿色农业，它们是现代产业体系的支柱，可以说，现代服务业、先进制造业以及以基础产业为支柱的现代绿色农业组成了现代产业体系的主体产业群。

（1）现代服务业。现代服务业是主要依附于信息技术和现代管理理念逐渐发展起来的知识和技术相对密集的服务业。2012年2月，国家科技部发布的《现代服务业科技发展“十二五”专项规划》指出，现代服务业是指以现代科学技术特别是信息网络技术为主要支撑，建立在新的商业模式、服务方式和管理方法基础上的服务产业。它既包括随着技术发展而产生的新兴服务业态，也包括运用现代技术对传统服务业的改造和提升。也有学者提出，现代服务业是创造需求，引导消费，提供高附加值、知识型的生产服务和生活服务的服务业。换句话说，现代服务业从本质上说，源自社会发展、经济增速、分工专业化等需求，具有智力要素高度集中、附加值较高、能源或资源低消耗、对环境影响少等特点。现代服务业既包括基础服务业（通信、信息服务）、生产与市场服务业（物流、电子商务、金融中介）、公共服务（政府公共管理、基础教育、公共医疗），还包括对传统服务业的改造和优化升级，其本质是实现服务业的现代化。目前，现代服务业的发达程度已经被看作是衡量一个国家或地区的现代化水平的重要指标之一。

（2）先进制造业。先进制造业是相对传统制造业而言的，指不断吸收电子信息、计算机、机械、材料以及现代管理技术等方面的高新技术成果，并将这些先进制造技术综合应用于制造业产品的研发设计、生产制造、在线检测、营销服务和管理的全过程，实现优质、高效、低耗、清洁、灵活生产，即实现信息化、自动化、智能化、柔性化、生态化生产，取得很好的经济社会和市场效果的制造业总称。有的学者认为，先进制造业指的是运用先进技术或设备、现代化的管理手段和生产模式，技术含量较高的制造业态。同时它具有两个特点：第一，先进制造技术与清洁的生产工艺、知识、信息及其他先进制造技术有机结合，实现制造过程的集成化、高度化和信息化；第二，采用先进清洁的制造手段，其根本目标是促进制造业提高产品质量、企业核心竞争力、生产规模和速率，实现自动化制造、信息化管理、网络化经营。

（3）从现代产业体系的创新性、开放性、可持续性等性质出发。现代产业体系对其基础产业提出了更新、更高的要求。通常来说，基础产业是一个国家或地区经济发展的基础部门，它支撑着这个国家或地区的正常的经济运行，同时它也决定着整个社会经济所能达到的水平。可以说，一个国家或地区的基础产业越发达，它的经济运转就越流畅、效率越高，也就是说，基础产业达到的水平对应着产业体系的发展水平。基础产业除了农业和基础工业，还有基础设施。基础工业包括能源、资源以及工业的基本原材料（建材、化工等）。基础设施包含交通运输、物流、信息流通、水利。广义上讲，基础设施还包括无形的产品或服务，例如科教文卫等部门，它们同样对现代产业体系的建设有着深远的影响。基础产业群是一个国家或地区赖以生存、发展的基本要素，同时也是一个国家或地区综合实力的重要标志之一。作为现代产业体系的保障，基础产业群应体现以下特征：

第一，创新性。现代产业体系应具备创新性，这就要求先进的原材料产业、信息服务产业以及科教文卫产业提供有力的保障。可以说，这些产业产品或服务的水平很大程度上影响了该区域下游产业的创新能力和创新绩效。现代产业体系的创新特性要求基础产业无论是从数量上还是质量上都应保证技术水平的转化。

第二，可持续性。基础产业群是社会经济运转的火车头，它的可持续与否直接决定着产业运行是否可持续。可持续性是现代产业体系非常重要的特性之一，同时它也在很大程度上代表整个经济体的可持续发展的能力。开放和协调发展基础产业群是必要的手段和策略，使得资源、能源在更广的范围内得到更优的整合配置，加强基础产业群对现代产业体系的保障。同时，合理地运用经济手段、制度和政策来引导绿色创新（生态创新、可持续创新），从而提高资源的再生能力。而对于不可再生资源的开发，也应该加以限制，尝试利用可再生资源来替代不可再生资源。基础产业群的发展必须重视生态环境的承载能力，着力发展清洁生产、闭环生产，并逐步达到工业生态化。

第三，先导性。在任何一种产业体系中，都是从基础产业开始建设，并以此带动国民经济发展和产业发展，为其指引方向。所以在现代产业体系的要求下，需要首先建设的是交通、能源、信息、原材料、水利以及科技教育等产业。这表现出基础产业群的先导性以及基础产业在现代产业体系中的重要地位。

第四，惠民性。这一特性主要表现在：随着社会的不断进步，经济的不断发展，人们对生活质量的要求也日益提高，所以对医疗、卫生、环境、文化、教育等方面提出了新的要求，而这些大多属于基础产业的范畴。然而，社会消耗资源总量的增加，要求更多的高性能、低污染、低能耗的科技应用于基础产业，尤其是原材料、物流、交通运输等产业，确保生产活动能够满足人们日益提高的要求。

总而言之，现代产业体系需要现代的基础产业，现代基础产业的核心是绿色创新，因为只有绿色创新才有可能使基础产业群在现代产业体系中的特征得以保证。根据以上几点，现代产业体系中的基础产业群应该立足于创新，着眼于可持续发展，这样才能更好地支撑区域绿色创新体系，有助于更快地建设现代产业体系。

2. 现代产业体系是绿色创新发展的空间

城镇化为工业化和农业现代化提供了基础设施、公共服务体系以及发展空间。随着城镇化进程的加快，各类工业园区的建设加速了工业布局向城市的集中。提升产业发展素质，也需要不断推动产业的集聚，获得集聚效益。发展强大的服务业体系离不开现代化城镇的平台支撑。城镇的规模成为服务业发展的门槛，因为城镇聚集了大量人口、资源、信息和产业活动，作为一个特定的生存发展空间，城镇蕴含了巨大的生产性和生活性服务需求，是服务活动产业化的最基本空间载体。发展现代农业，必须减少农民的数量，提高农业劳动生产率，引导农民向城镇流动，并且从事非农产业，稳步推进土地适度集中的规模经营，加快现代农业发展，加快发展城市的现代服务业，以支持农业现代化。

只有提高市场一体化和国际化水平才能完成工业化进程，加速现代产业体系的建立，推进农业的产业化和现代化。只有在市场国际化中实现新型工业和现代农业“引进来”与“走出去”的良性互动，提高中国工业、农业以及服务业的竞争优势，参与全球产业链分工战略，才能在更高层次上利用国内外两种资源和两个市场，完善区域开放格局，不断拓展新的开放领域和空间，促进经济发展方式的转变。

3．现代产业体系是绿色创新发展的平台

即便是在经济较发达的地区，也会存在“市场失灵”的问题，仅仅依靠市场这只“看不见的手”很难使得资源配置达到最优。现代产业体系的构建也面临着“市场失灵”。市场这只“看不见的手”只有在完全竞争的条件下，才会充分地体现其通过调节供给和需求的关系来调节资源配置的能力。显然，现代产业体系并不能完全满足完全竞争的条件。有学者认为，自然分工使得比较优势成为可能，人们为了创造优势，则需要协同外部力量。所以，现代产业体系需要一个创新发展的平台，要进一步从主体产业、创新活动、深化服务、市场环境、政策引导等方面为现代产业体系提供一个绿色的创新发展平台。

（1）统一的研发与创新平台。建立统一的研发平台，有利于优势资源共享。公共的研发平台可以使得大型的科技器材、设备以及公共的科技实验室得到更高效的利用，为各种研发活动提供更全面、便捷的服务，并设立专业化的部门提供设计、监测、测试等技术服务。

（2）绿色产业支撑体系需要绿色的融资平台。坚持节约资源和保护环境是我国的基本国策，关系人民群众切身利益和中华民族生存发展。在引导社会经济资源配置、加速生态建设、促进经济与生态环境和谐发展方面，金融市场作为市场经济的核心，发挥着不可忽视的作用。可以说，绿色金融与传统意义上的金融的本质区别在于前者能较好地处理金融产业与可持续发展的关系。一个良好的绿色融资环境对建立绿色创新体系、国家创新体系甚至国家层面的现代产业体系都起着不可忽视的重要作用。绿色金融强调的是对环保产业、清洁生产、生态化工业的扶持力度的大大增强，是金融业和环保产业的结合。它更为重视生态环境对于人类社会和经济发展的平衡作用，同时也强调，在金融活动过程中，将符合节能、降耗、减排以及污染治理标准作为决策的重要先决条件，最大限度地减少资源、能源的损耗，增加对低碳、环保产业创新活动的信贷支持。

（3）开放的市场交易平台。通过技术市场平台了解国内外消费者需求特征，不断开发用户特定的产品，在把握市场机会的过程中不断提高技术供给能力，使市场机会导向绿色创新。政府应为绿色创新提供一个风险投资基金的发展平台，鼓励投资者投资于服务本土的绿色创新风险投资基金平台。

（4）建立信息共享平台。信息共享平台指的是一条有机联系的服务链，一座联系数据拥有方和需求方的桥梁，包括信息源建设、传输网建设、人力资源建设、信息标准化建设以及信息安全建设。生产力促进中心、技术推广服务中心以及高新技术企业孵化基地的建设，为企业提供优质的基础设施和高效的公共服务，从而提高企业的自主创新能力和创新绩效，更好更快地促进科技创新成果的产业化。

（二）基于绿色创新的现代产业体系的动力机制

1. 创新机制——根本的动力机制

现代产业体系与传统产业体系的区别在于即使一个国家或地区不具备比较优势，人们也可以通过创新活动转化出比较优势。有的学者提出现代产业体系的关键就在于其创新机制的完善，它是建立在人人参与创新、创新优势转化和市场竞争力增加的基础上的。现代产业体系不能再依靠传统产业体系倚重的竞争手段来增强区域的竞争优势，取而代之的手段是创新活动，创新成为现代产业体系中生产要素的主要动力源泉。创新是社会、经济发展的重要推动力，同时创新机制也是产业体系发展的催化剂、润滑剂。国内学者沿袭熊彼特的创新理论提出产业演化与产业结构升级的动因其实就是创新，熊彼特的“创造性破坏”本质上也是产业演进的过程。研发成功并产生创新，标志着产业发展达到一个新阶段，产业在一个全新的技术平台上进行新一轮的研发竞争。研究表明，在经济发展过程中，技术创新活动活跃的产业，往往对创新成果具有很强的吸收和融合能力，这在很大程度上使其创新能力占据优势，创新产出的商业化、产业化速率要高于其他产业。于是，适应市场需求的能力越强，这个产业的发展就越迅速，规模就越大，影响就越广。如果这个产业又同时具有较强的关联性和辐射性，则往往会引发新的产业变革甚至产业革命，进而致使产业结构变化，使产业结构从根本上实现升级成为可能。基于区域绿色创新的现代产业体系建设的关键是提高企业的创新能力。创新性是其区别于传统产业体系的特征之一。创新是建立现代产业体系的第一驱动力，要建立现代产业体系，就要有大量资本的投入（包括资金、资源、人才、技术、设备等），需要以良好的基础设施（大型的研发器材、设备，高水平的技术实验室等）为依托，但真正能够有效推动传统产业体系向现代产业体系迈进的第一驱动力还是创新活动。创新很大程度上决定了现代产业体系的区域竞争力，创新活动需要开放性，开放就面临着竞争，建立在企业创新基础上的先进技术开发是企业提高核心竞争力的最有效手段。创新促进了产业的融合，产业融合是现代产业体系的重要特征之一。三次产业间以及各产业内部的边界趋于模糊，产业的融合是现代产业体系的发展趋势，这也集中体现了高新技术对产业发展的决定性作用。创新使得现代产业体系的可持续发展成为可能。现代产业体系是一个可持续发展的体系，并具有低污染、低消耗、节能、减排的特征，强调减少对生态环境的影响，为产业的可持续性提供有力的支撑。

2．学习机制——实现保证机制

学习不仅是获取知识的渠道，而且是更新知识的基本途径，只有通过学习，才能更加有效率地工作，通过学习型个人、学习型企业、学习型区域来实现区域绿色创新。对每一个现代产业体系中的主体来说，要通过学习来适应不断变化的产业环境。知识无论在现代产业体系中还是在区域创新体系中都是最重要的基础资源。所以“学习”是该体系中最重要的活动过程。当现代产业被认为是一个信息交互、逐渐演进的过程，而不是一个均衡、静态的系统时，“学习”便成为区域绿色创新体系和现代产业体系的重要环节。根据先前的探讨，现代产业体系是建立在创新活动基础上的，而创新活动又是以“知识”为核心来开展的。知识在现代产业体系与区域创新体系中的作用十分相似，其核心内容和关键目标均是产业技术、知识在产业或企业内部的流动，而这种流动将产生乘数效应，使得有限的资源得以发挥更大的效用。所以，现代产业体系必须以知识的创造、转化、应用以及扩散为核心内容，并通过知识在产业体系中的流动，产生“知识溢出”效应。对现代产业体系来说，流动分为知识的流入和流出。知识的流入是指产业体系从外部引进知识或技术成果，外部技术资源流入体系，这使得该体系内的最短缺的知识资本在一定程度上得到了弥补，这一点可以充分利用现代产业体系的开放性特点来吸引知识的流入。知识的流出是指体系内产业主体的知识或技术成果向外部转移、传播、辐射。研究表明，从长期来看，知识的流出是有利于该系统的。但是，应该清楚地看到，对整个产业体系来说，除了那些可以言传的知识，那些不能言传的知识也是产业体系演进的重要基础，那些可为人们所共同利用的知识（可以语言相传的知识）以及区域专有知识等不可言传的知识共同构成了产业体系的知识基础。所以，现代产业体系的学习机制体现为知识性，学习的实质是使知识繁殖、扩散，也就是通过学习的过程使知识流动，创造更高的产业价值。现代产业体系的目标是使满足产业可持续发展要求的知识产生、扩散以及应用，创造出其应有的产业价值。

有学者认为，从现代产业体系的可持续性出发，产业体系内部的各个行为主体的基本任务实质上就是创造效用。体系内的产业群就是创造高质量的产品和服务，从而满足人们日益增长的需求，同时把对环境和资源的损耗降到最低。大学和科研院所的基本任务就是创造知识，并且把这种知识用于物质财富的创造之中，推动人类物质文明与精神文明的共同发展。政府的基本任务则是引导全社会的基本价值取向，引领现代产业体系的发展方向，担负各种资源、能源管理的责任，使整个生产体系实现可持续发展成为可能。外在支撑体系通过沟通其他主体和监督其他行为主体来实现自己的经济价值，为现代产业体系提供有力的保障。正是这种对“知识”的需求带动着现代产业体系的形成与发展。

3．融合机制——组织协调机制

产业融合是在信息技术等高新技术迅速发展的大背景下，为提高生产率和竞争力，不同产业或同一产业内的不同企业通过相互交叉、相互渗透融为一体，形成新的产业或新型产业形态的动态发展过程。产业融合是“产业结构融合化”的简称，有的学者也称之为“产业结构重叠化”或“产业边界模糊化”，但其核心内容都大致相同。由于技术的进步或者管制的放松，发生在产业边界和交叉处的融合改变了原有产业或产品的特性以及市场需求，产业体系内的企业合作、竞争关系发生改变，从而导致产业界限模糊甚至重新划分产业界限。传统的以单一技术为基础的产业界限在产业融合中越来越不清晰，原有的以单一知识及技术划分的产业标准遇到了巨大的挑战，产业融合已经成为当今世界产业结构变化势不可当的潮流与趋势。在现代产业体系中，由于产业的不同，产业融合的演进方式也不同，但最终目的都是促进整个产业体系结构的高度化、合理化。

产业融合主要有三种方式：①渗透融合。渗透融合是指高新技术产业向其他产业渗透，并逐渐形成一个新的产业，多见于机械电子、航空电子、电子商务等新型产业。②延伸融合。延伸融合是指通过产业间的互补或者延伸实现的产业融合，这种融合多见于高新技术产业链的延伸部分，延伸融合往往体现在现代服务业逐步向第一产业或第二产业延伸方面。例如，作为第三产业的服务业正加速向第二产业的基础研究、生产过程中以及生产后的信息反馈延伸融合，尤其在金融、法律、培训、仓储、运输等方面，这导致第二与第三产业之间的融合越来越频繁。③重组融合。重组融合通常发生在具有紧密联系的不同产业或者同一产业内部的不同行业，主要是指那些原本相对独立的产品或者服务在同一标准约束或集合下通过重组整合成为一个全新整体的过程。在现代产业体系中，重组融合多见于信息技术产业链的上游产业和下游产业的融合，通过信息业务的融合交互与重新整合有效地提高了融合产业的生产绩效，同时这种融合也体现在信息产业与夕阳产业的融合上，使夕阳产业凭借信息产业的数字化优势、智能化优势、网络化优势重新获得市场机会。

在区域绿色创新体系中，资源不仅来自企业内部，还来自企业外部，即更多资源、更低成本、更大的利润空间应该来自企业外部，所以要跳出企业做企业，不仅要经营企业，更要经营社会，在经营社会中寻求更大的利润空间。利润空间来自社会，企业理应回馈社会，注重履行社会责任，以实现绿色低碳发展，提高生态文明水平。

（三）基于绿色创新的现代产业体系实现模式

1. 产业层面的融合化模式

从产业融合的表现特征来看，产业融合就是发生了产业边界模糊化，是对技术边界、业务边界、运作边界与市场边界构成的固定化产业边界的一种颠覆性改变。因此，学者们往往从边界这一基本概念探讨产业融合的模式。突破产业分立的界限后，产业间更强调协作分工和产业要素在更大范围内的优化配置，追求系统效应。因此，产业融合是指社会生产中分工所要求的协作关系，它对产品的开放性、标准化程度的要求越来越高，对技术合作与资源共享的需求日益迫切，创新技术的扩散促使不同产业之间形成了共同的技术基础，技术融合由此产生，任何一种产品都是多种产品与技术的集成产物。

融合型产品的形成使不同产业具有相同的市场基础，促使市场出现融合现象，各个产业之间的传统边界趋于模糊，甚至消失，在技术融合和市场融合的基础上产生了产业融合的现象。产业融合是一个不同产业或同一产业内的不同行业通过相互交叉、相互渗透逐渐融为一体，形成新产业属性或新型产业形态的动态发展过程。也就是说，产业融合强调产业边界的位置，并以形成新的产业形态作为其根本标志。例如生态农业旅游就是充分利用农业资源开发出的主要包括农村独特的田园风光、农事劳作以及农村特有的风土人情等内容的，具有极大参与性的一种旅游活动。发展生态农业观光旅游是促进经济持续、快速、健康发展的新举措，是加强城乡交流、提高农民整体素质的新思路，是调整农业产业结构、构建人与自然和谐环境的重要一环，是建设社会主义新农村、实现农业现代化的重要因素。在不同的技术、产业发展阶段，绿色创新的模式并不是固定不变的，绿色创新从绿色产品转向绿色工艺创新，激进型创新让位于渐进型创新，绿色创新也从“内涵”更多地转向“外延”，在很大程度上促进了基于绿色技术创新、组织创新、制度创新的产业融合，例如生态技术与工业、农业、建筑业、商业等领域实现了产业融合，形成了绿色低碳工业、绿色低碳农业、绿色低碳建筑业以及绿色消费等。

2. 区域层面的生态化模式

由于不可持续性问题的影响，传统区域层面上的发展模式必须有所改变，这也迫使我们用一种新思维、新理念去推动现行的区域产业发展向环境友好、产业生态化转型。产业生态化包括三个层次，即企业层次、区域层次和国家层次。企业只是集群中的单一个体，本位主义过强，无法自发成为集群生态化的推动力。国家层面无法考虑区域的特定情况，不能做到量体裁衣，只能成为集群生态化的辅助因素。所以产业集群生态化更多体现的是一种区域经济的优化，对产业集群生态化的操作层面设计也是以区域层次为主。

传统的企业群只是在地理区位上的集中，与周围生态环境的适应性比较差，可持续发展能力严重不足。从产业生态学的角度来看，须建立从自然资源、产品到再生资源的新经济发展模式。其实质是通过企业间的物质、能量和信息交换，建立产业生态系统的“食物链”和“食物网”，形成互利共生网络，实现产业系统内“生产者—消费者—分解者”的闭路循环，实现物质循环和能量多级利用，由此形成企业间的工业代谢和共生群落关系，建立一种新型的生态化产业群落。

（1）企业内部清洁生产模式。清洁生产，是指不断采取改进设计、使用清洁的能源和原料、采用先进的工艺技术与设备、改善管理、综合利用等措施，从源头削减污染，提高资源利用效率，减少或者避免生产、服务和产品使用过程中污染物的产生和排放，以减轻或者消除对人类健康和环境的危害。这也就是要求每个企业都须有“消化”污染排放和“吸收”垃圾的功能，最大限度利用清洁生产技术，减少废弃物和污染物的产生与管末排放，促使产品从生产到消费的过程与生态环境相适应，努力实现企业内的清洁生产和闭环生产。充分利用可再生资源或清洁型能源；协同组织原料内部循环封闭生产，提高科学管理能力，在整个生产过程中最大限度地减少原料、资源、能源的消耗量，尽可能减少污染环境的废物产出；大幅提高产品耐用程度、包装环保性和回收方便性；对不得不排放出的外部污染物，实施统一的“三废”利用措施进行管末处置。

（2）生态工业园模式。生态工业园，被看作生态发展理念在区域层面的实践形式。它通过模仿自然生态系统，构建企业之间共同协作、相互依存的关系，最大限度地利用资源和减少对生态环境的负面影响。生态工业园这种新的区域工业发展模式将经济发展和生态环境保护有机结合，其目的在于区域经济、社会、生态的可持续发展。生态工业园实质上是以工业生产为主要职能的地域性综合体，是一种以区域发展为基础的产业生态开发模式。在一定的区域内，通过重组或再造一个新的园区，寻求更高效的或者更可行的商业运作模式，以经济持续发展和环境改善为根本目标，最终实现本地经济、社会与生态环境的协同发展。有学者指出，如果设计者在前期设计、地域、产业以及工厂选择之初就着眼于其潜在的协同与共生关系，那么对工业园的长期发展将产生决定性的影响。生态工业园被定义为，在一定区域内的各企业相互协作，通过资源共享、能源梯级利用以及废物的循环再利用，实现资源的最优化配置和环境影响最小化的工业系统。生态工业园区的目标是将传统的线性生产模式转变为循环生产模式，各企业通过合作形成一个闭环系统，其中一个企业的废物或副产品可以作为另一个企业的原料，从而减少资源浪费、降低污染排放，实现经济效益与环境效益的双赢。学者提出，生态工业园应具有地域产权，能够独立地管理和发展园区，最终实现环境、经济与社会的和谐发展。作为区域内制造业与服务业的共同体，生态工业园通过加强能源、水资源以及原材料这些基本生产要素与环境管理之间的合作来实现生态环境与经济发展之间的双重优化与和谐发展，区域内企业获得的集体收益往往要高于单个企业实现最优化管理所达到的个体收益。简单地说，生态工业园的核心目标：在提高区域内企业经济效益的同时，实现生态环境影响的最小化。其途径包含对园区基础设施和工厂（车间）翻新（或新厂）的绿色设计、清洁生产、污染防治、高效能源以及企业内部协同合作。

（3）环境层面的科学发展模式。科技水平的高低在很大程度上影响着生态环境质量的高低，科学技术的进步会促进生态环境质量的改善，科技进步在可持续发展体系中具有核心地位，科技落后或科技的滥用也会导致生态环境的恶化。

科技是人类环境意识觉醒的物质基础。随着科学发展、技术进步，人们对生态环境的觉悟也逐渐提高。随着对生态环境科学研究的逐渐深入，这门系统科学也从根本上改变了世界的科学版图以及当代学者的思维方式，人们逐渐意识到人口、能源、资源、生态、经济以及社会是一个不可分割的有机整体，是一个庞大且复杂的系统。因此从整体出发，要将生态环境建设与资源开发、经济发展、社会进步协调统一起来，同步发展，这也正是科学研究的结果。同时科技还为人类环境意识的觉醒提供了物质保障。当满足了最低的生存需要的时候，人们就会追求更高层次的需要，如对生态环境的需要。温饱需要和其他需要的满足都依赖科技的进步。只有科学技术进步了，人们的生存条件才会改善，人类的生活水平才会随之提高。

（4）举例东北地区模式。以绿色技术为支撑的东北地区可持续发展主要表现在以下几方面：

第一，对东北三省境内流域的生态保护与合理开发利用绿色技术，主要包括：江河源区的生态安全与保护技术；高寒地区生态建设技术；山地、丘陵区水土流失防治技术；农田蓄水保产、节水高效的生态农业生产技术。

第二，东北地区的风沙区综合防治技术的开发，主要包括：固沙及沙地利用技术，如速动流沙生物固定技术、沙化草地更新与复壮技术、沙土的培肥改良和泛风农田的风蚀防治技术等；防风阻沙、护牧、护林建设配套技术，如高效用水与节水造林技术等；荒漠绿洲过渡区的可持续利用技术等。

第三，东北地区中西部缺水地区的水资源安全保障技术，主要包括：人工增雨技术及相关器材；干旱农业节水、盐渍化土地改良治理技术；西部及北部地区水资源可持续利用战略；区域内水资源综合调控、合理利用模式与技术等。

第四，受污染生态的综合修复、预防技术，主要包括：湖泊内源污染控制与治理技术；松花江水体污染预防技术及其机制；农产品安全及内源污染控制技术；土壤污染的修复与控制等。

第五，资源型城市和地区矿山土地复垦与生态重建技术，主要包括：矿山土地复垦工艺和技术，如土壤重构与培肥技术、边坡地水土流失防治技术等；以矿山土壤污染生态修复技术为主的污染矿山土地的生态建设与利用技术等。

第五章　区域经济产业发展模式的适用评价

第一节　区域经济发展模式绩效评价

毋庸置疑，不同区域经济发展模式在经济发展绩效上存在差异。从横向比较上看，哪种模式的绩效水平更高，从纵向比较上看，哪种模式在不同经济发展阶段的绩效水平更高，这些问题有待于进一步探讨，通过其绩效水平的横向比较与纵向变化，分析各种模式在当前经济发展阶段的适用性，将有助于对各区域经济发展模式从历史过程上和时间截面的对照上都有一个清晰的认识。在弄清各区域经济发展模式随着经济发展阶段与发展路径如何变化的基础上，加深对模式自身的认识，据此设计未来发展路径和发展策略。

一、绩效评价方法

目前使用的绩效评价方法较多，有主观评价法、客观评价法和主客观评价相结合的方法。主观评价法主要有德尔菲法、综合指数法，这些方法都通过专家为各个指标打分或赋值，计算出评价结果，其评价结果带有一定的主观成分。客观评价法有主成分分析法、因子分析法、熵值法、数据包络分析方法（Data Envelopment Analysis，简称DEA）以及随机前沿分析法（Stochastic Frontier Analysis,简称SFA）等，它们多是以数学、运筹学、统计学理论为基础，这些方法在绩效评价中运用广泛。层次分析法（AnalyticalHierarchyProcess，简称AHP）、灰色关联分析法和模糊综合评价方法等属于主客观结合的评价方法，能一定程度上弥补主观评价法的不足。如果经济发展不具有成长性，模式也自然是空口而谈。国内外形成的典型区域经济发展模式，无一不是因为其在较长时期内经济保持稳定的发展。为此，有必要对一种区域经济发展模式的经济绩效进行评价。

二、指标体系与数据来源

与其他人文社会科学相比，效率是经济学研究的核心问题。1906年，意大利经济学家帕累托开启了经济学对效率的研究，帕累托效率成为经济学研究资源配置效率的标准。一定区域是由人类、自然环境、经济、社会耦合而成的复杂开放系统，并需要不断进行物质、能量投入，进而产生产品与服务，而绩效是一定区域经济发展水平与状态的直接体现，它反映了一定结构状态下城市发展的能力。区域经济发展模式绩效是在效率概念上的延伸，而区域经济发展问题的实质是将投入资源进行合理有效配置的过程。区域经济发展模式绩效体现了一定模式下经济发展的效率与水平，按照经济发展理论，区域经济发展的投入包括资金、劳动力、技术等，而国内生产总值（GDP）是反映经济产出最主要的指标，区域经济发展模式绩效的实质问题是如何将投入资源进行合理有效的配置。为此，可将区域经济发展模式绩效定义为：一定区域经济发展模式下经济发展产出相对于经济发展投入的有效程度，而经济发展模式有效则表示在投入资源一定的情况下，经济发展实现了最大的产出。

区域经济发展模式是一个复杂、多层次的系统，本书遵循系统性原则、科学性原则、可操作性原则、独立性原则、整体性原则，利用设计指标体系的目标法、范围法，将区域经济发展视为一个系统，从投入、产出两方面构建区域经济发展模式评价指标体系，其投入指标包括全社会固定资产投资总额、全社会从业劳动力总量、科研经费支出，分别表征资金、劳动力、技术的投入，而产出指标为 GDP 总量。

三、各模式的绩效评价

通过对不同区域经济发展模式 1987—2012 年绩效水平演变的分析，可看出不同模式在不同阶段所表现出的绩效水平具有较大差异。但总体上，各模式的经济发展绩效均高于全国平均水平，这也反映出本书所选择的模式的经济发展绩效较优，并体现了经济发展应具有“可持续性”和“示范性”的标准。

（一）1987 年各区域经济发展模式绩效分析

1987 年的 11 种模式中，有 8 种经济发展模式绩效水平优于全国。其中，青岛、温州、深圳、东莞、苏州达到了最优，即在当时资源条件下，实现了资源配置的最优，而天津、泉州、西安则低于全国平均水平。这也与当时中国经济发展大体一致。20 世纪 80 年代，中国经济发展中心在珠江三角洲等沿海地区，深圳、东莞作为珠江地区的代表，以“三来一补”为重点实现了经济快速发展，担当起了改革开放先行区的重任。而苏州、温州作为苏南模式、温州模式的代表，当时也是两种模式形成与盛行的时期，分别以集体经济、私营经济为特色，在经济发展绩效上也实现了最优。而青岛工业基础相对较好，并且是中国第一批沿海开放城市，其经济发展绩效上也处于较优水平。而同样作为沿海地区的天津、泉州经济发展绩效却低于全国平均水平，尽管地处沿海地区，泉州却不在沿海开放城市之列，经济发展速度较为缓慢，在投入产出松弛测度表中，表现为劳动力从业人数冗余了 124.82 万人，即在当时经济发展总量下，投入劳动力过剩。尽管天津在改革开放初期被列为沿海开放城市，但当时中国经济发展重心不在北方，经济发展速度与效率均较差。从投入产出松弛测度表中可以看出，在当时的经济总量下，主要表现为劳动力从业人数、科研经费支出出现冗余。当时，中国经济处于改革开放初期，与当时经济总量相比，劳动力过剩严重，劳动生产率较低，同时，科研经费支出也有较多冗余，反映出当时各地区经济发展研发能力以及研发技术转化能力较差，即研发经费投入产出效率较低。东营还出现了固定资产投资冗余，尽管其经济发展绩效相对较高，但作为我国能源工业基地，其固定资产投资与研发经费投入量大，投入产出效率却相对较低。

（二）1992 年各区域经济发展模式绩效分析

1992 年的 13 种模式中，有 12 种经济发展模式绩效水平优于全国。其中，泉州、东营、温州、东莞达到了最优。为此，泉州开始发展民营经济，大力吸引外资，实现了经济快速发展，这被视为中国民营经济发展的“泉州模式”。而东营的经济发展绩效最优则更多的是由于本地人少地多，发展资金密集型产业，经济发展过程中投入的劳动力和技术相对较少，从而实现了经济发展的绩效最优。苏州、深圳则由 1987 年的“数据包络分析（DEA）有效”变为“无效”。前者由于市场经济体制建立后，苏南模式出现了不适应的现象，尽管经济仍然保持快速发展，但这是建立在大量资金、劳动力与技术投入的前提下，1992 年，苏州市 GDP 为 359.7 亿元，与深圳相同，但劳动力从业人数却是深圳的 2 倍，科研经费支出也出现了 0.72 亿元的冗余。深圳则是由于固定资产投资增长过快，造成投入产出相对效率下降，1992 年，深圳固定资产投资高达 91.2 亿元，仅次于上海、天津。在众多模式中，仅有天津经济发展绩效低于全国平均水平，与深圳类似，也表现为固定资产投资冗余，即资金的投入产出效率较低。

（三）1997 年各区域经济发展模式绩效分析

1997 年的各区域经济发展模式中，温州、深圳、东莞实现了经济发展绩效最优，其余则出现不同程度的“DEA 无效”（数据包络分析无效）；大部分区域经济发展模式绩效水平均优于全国平均水平。从整体上看，1997 年全国区域经济发展模式呈现出明显的差异化，温州、深圳、东莞等地的经济发展表现最为优异，而其他地区则存在不同程度的“DEA 无效”，即未能实现资源的最优配置与高效利用。温州依托独特的“温州模式”，推动民营经济蓬勃发展，成为区域经济的典范。深圳则凭借改革开放的前沿地位和外向型经济的推动力，吸引了大量外资和技术，推动了高新技术产业的发展。东莞以其制造业基地的优势，构建了强大的产业集群，显著提升了区域竞争力。

大部分区域的经济发展绩效虽然优于全国平均水平，但依然存在显著的区域发展不平衡问题。例如，1997 年，重庆的 GDP 为 878.9 亿元，虽然增速较快，但与深圳相比仍有较大差距。深圳当年的 GDP 为 1600 亿元，显示了其强大的经济活力。深圳不仅在 GDP 总量上大幅领先，投资结构也更为合理，1997 年，深圳的固定资产投资达到 432.4 亿元，其中相当部分用于高新技术产业和基础设施建设，推动了经济的持续高质量增长。

重庆虽然在 1997 年成为直辖市，具备了政策支持和资源倾斜的有利条件，但该地区的经济发展受到产业结构单一、科技创新不足等问题的制约。1997 年重庆的工业产值中，重工业占据主导，传统制造业和资源密集型产业仍占较大比重，产业升级相对滞后。此外，基础设施和交通网络的发展较为落后，制约了区域内外的资源流动和市场联动。深圳的经济模式则更加注重外资引进和技术创新，1997 年，深圳的出口总额达到 200 亿美元，成为中国对外贸易的重要窗口。外向型经济的快速发展，推动了深圳产业结构的多元化与高端化，尤其是在电子信息、通信设备等高新技术领域，深圳逐步强化了其国际竞争力。投资环境的优化、政府的开放政策，以及创新资源的聚集，使得深圳的经济在短期内实现了跨越式发展。

整体而言，1997 年各区域经济发展的差异主要源于区域间资源禀赋、政策支持、产业结构与投资方向的不同。温州、深圳、东莞等地凭借高效的市场机制、灵活的经济模式以及创新驱动，取得了卓越的经济绩效。

（四）2002 年各区域经济发展模式绩效分析

2002 年，各区域经济发展模式中，泉州、深圳、东莞则实现了最优，而其他地区出现不同程度的“DEA 无效”，其中，金华、鄂尔多斯、贵阳低于全国平均绩效水平。

究其原因，深圳、东莞作为地区经济发展的龙头城市，多年来经济发展速度一直呈现高速增长的态势。以 2002 年为例，深圳、东莞的固定资产投资总额占 GDP 比重仅为 26.54%、16.14%，而上海、苏州、天津分别为 38.10%、39.07%、37.72%，西安、贵阳、长沙等中西部城市也达到了 40.90%、55.88%、31.79%，可见深圳、东莞远低于其他城市平均水平。然而，深圳更加注重科研经费投入，2002 年大中型企业科研经费投入达 45.2 亿元，仅次于上海市。而泉州的经济发展高绩效水平则是建立在较低投入水平的基础上。

金华、鄂尔多斯、贵阳经济发展绩效低于全国，其中金华、贵阳在三项投入指标中均未出现冗余，但其原因不同。金华是由于经济发展速度趋缓导致，而贵阳则是有低水平“均衡”的现象。进入 21 世纪以来，金华经济发展开始趋缓，1997—2002 年，经济平均增速仅为 9.04%，而苏州、上海、深圳则分别为 12.98%、10.81%、18.04%，温州的平均增速为 11.84%，这表明金华模式开始在沿海各省市中“掉队”。而贵阳市由于地处西南山区，经济长期闭塞，2002 年，贵阳市 GDP 仅为 336.37 亿元，而金华则为 637.41 亿元，当然更不及东部地区的上海、深圳等地。与此前相比，苏州经济发展绩效有着较大的提升。由于苏南模式模糊产权阻碍了乡镇企业的进一步发展，因此，从 2000 年开始，苏南模式开始进行产权制度改革，选择私人产权制度。该制度更加有利于降低交易成本，有利于打破地方产权制度，使得苏南的市场内生力量作用得到极大发挥。同时，在经济国际化背景下，苏州等地开始以工业园区和开发区为载体，以打造国际制造业基地为引擎，以吸引外资实现工业化、国际化互动并进，大力发展民营经济，实现民资、外资并举，随之苏南模式也实现向新苏南模式转型，这以苏州市以及下辖的昆山市最为典型。

（五）2007 年各区域经济发展模式绩效分析

2007 年，各区域经济发展模式与此前相比有着较大的变化。一是东营、鄂尔多斯等资源型城市，重庆等西部城市，以及上海、天津等东部城市的“崛起”。二是温州、大连、青岛等的继续“衰落”。2007 年作为 21 世纪以来中国经济增速最快的一年，较多地区经济发展速度与绩效均有着较大提升，对能源等资源的需求快速提高。东营、鄂尔多斯作为资源型城市的典型，是我国石油和煤炭、天然气的供应基地，中国经济对能源资源的需求极大地刺激了鄂尔多斯、东营等城市经济的快速崛起。这也标志着鄂尔多斯模式、东营模式的形成，但两者在发展模式上存在一定区别。鄂尔多斯地处中西部内陆地区，经济发展内向性较强，对外贸易总额开始下降，并以资源采掘与初级加工为主；而东营除了石油资源采掘，还注重以石油装备为主的装备制造业的发展，并依托东部沿海的区位优势，重视对外联系。2007 年东营对外贸易总额较上一年增长 34.57%，接近 2002 年的 5 倍。尽管同样作为资源驱动型经济发展模式，但两者在内外联系、产业结构、技术水平上有明显区别。随着滨海新区的设立，以滨海新区开发为重点的天津模式开始形成；与天津类似，重庆经济发展也快速提升，重庆模式也开始显现。天津、重庆两种模式的形成均得益于大项目、大投资，重庆还加快承接东部地区产业，吸引外资，形成了“内陆开放型区域经济发展模式”。重庆、天津固定资产投资总额分别达到 3161.51 亿元和 2388.63 亿元，在各地区中仅次于上海，这也换来了经济的快速增长，2007 年，重庆、天津 GDP 增长率分别为 19.68%、17.70%。但重庆、天津研发经费投入水平却相对较低，2007 年科研经费占 GDP 比重，仅为 0.92% 和 0.90%，略高于全国平均水平，但远低于上海、深圳、西安等以科技创新驱动的经济发展模式。天津模式形成的主要原因仍然为滨海新区。滨海新区自 1994 年设立以来，国家大型项目大量落户，并加大吸引外资，形成了以石油开采和加工、电子通信、冶金、汽车制造等产业集群，GDP 也由 189.76 亿元增加到 2006 年的 1960.49 亿元，占天津的半壁江山。

2007 年，上海、深圳经济发展绩效也实现了最优，这是建立在高水平基础上的“DEA 有效”，2007 年，两地科研经费投入分别居于各地区的前两位。同时期，温州模式经济发展绩效在各地中的位次有着较大的下降。首先，温州模式作为推进市场化改革的先行者和民营经济率先发展的代表，在 20 世纪 90 年代，温州地区的民营经济迅速崛起和发展壮大；但随着我国加快民营经济改革以及加大对外开放力度，全国大部分地区都以民营经济作为经济发展的主要力量；加之 20 世纪 90 年代中期以后，温州在制度创新上的脚步逐渐慢了下来，其体制上的先发优势也逐渐弱化甚至丧失。由于民营企业制度创新基本停滞下来，使得绝大多数温州民营企业至今仍保持着封闭式家族企业的形态，这使得温州的民营企业逐渐开始衰落。其次，由于温州的土地价格上涨，电力供给条件与投资环境较差，温州民营经济生产成本与交易费用逐渐上升，使得温州民企原有的低成本优势逐渐丧失，进而大批企业开始外迁，资本大量外流，这一系列现象也标志着温州模式的衰落。

同时，青岛、大连两地经济发展模式绩效水平也相对较低。由于大连采取的是环境经济发展模式，以经营城市作为突破口，营造城市最佳投资环境和宜居环境，以城市知名度和品牌吸引投资。与环境经济模式相对的是产品经济模式，我国大多数地区实行的是这种模式，产品经济模式投入少、见效快，适用于萌芽期或成长初期的地区，其经济发展的主要任务便是通过上项目出产品，尽快出效益；但该模式后劲缺乏，正如温州、东莞、青岛这种以产品为主导的经济发展模式在近年来走向衰落便是典型。而环境经济模式投入大、见效慢，要求有大量资金进行基础设施建设和环境建设，通过优化城市硬环境与软环境，有选择地吸引投资，发展与城市性质相符的产业，增加区域经济发展的后劲与潜力，实现经济可持续发展，这正好体现了前文所提到的区域经济发展模式应具有“可持续性”的特征。因此，在通过 DEA 模型对大连经济发展绩效进行评价时发现，其经济发展绩效一直较低，这与其大规模投资和相对较少的经济产出不无关系。2007 年，大连固定资产投资总额约为 1930.76 亿元，占 GDP 的 47.72%，远高于深圳、上海等地，但低于鄂尔多斯，以及基础设施和经济基础较为落后的贵阳和西安。尽管该模式的经济绩效较低，但不否认其环境绩效，2007 年大连亿元 GDP 的 SO_2 排放量仅为 30.91 吨，而全国平均水平达 74.20 吨 / 亿元，也低于天津的 42.79 吨 / 亿元、苏州的 39.14 吨 / 亿元。由于环境经济发展模式对经济实力要求较高，一般来说，该模式适用于经济发展较高阶段，此时，经济发展具有一定基础，“城市病”问题日益凸显，面临可持续发展的问题。

青岛模式的经济发展绩效水平下降的原因则有所不同。青岛模式走的是“品牌经济模式”，由于该模式主要通过培育产品和产业实现经济的快速发展，在经济发展的初期和中期，该模式经济发展绩效往往较高，20 世纪 90 年代以前，青岛经济发展绩效一直保持较高。但该模式一般适用于工业化前中期，其发展后劲一般也较差。2007 年，青岛模式的经济发展相对绩效降低也反映出青岛模式存在的问题。

（六）2012 年各区域经济发展模式绩效分析

2012年，除了西安，其他各区域经济发展模式绩效均高于全国平均水平。其中，泉州、温州、深圳、东莞为 DEA 有效，即在当前的资金、劳动力与技术资源配置下实现了经济绩效最优。深圳作为科技驱动型的特区经济发展模式，近年来对固定资产投资的依赖程度逐渐下降，而主要依靠技术投入和人力资本实现经济发展。2012 年，深圳固定资产投资占 GDP 比重仅为 16.50%，为各地区最低，远低于全国平均水平 56.14%；而科研经费支出占 GDP 比重为 2.88%，仅低于上海市的 2.96% 和西安的 4.64%，但远高于其他地区和全国平均水平。泉州则主要由于资金、技术和劳动力投入相对较少，使得经济发展相对绩效保持较高水平。东莞、温州经济发展绩效水平最优有些出乎意料，但笔者认为，东莞、温州的经济发展绩效最优是一种较低水平的“最优”，东莞、温州的固定资产投资与科研研发经费均处于较低水平，其中，东莞的固定资产投资总额远低于中西部地区的长沙、贵阳，也低于经济总量不及东莞的温州；东莞、温州科研经费占 GDP 比重分别为 1.42% 与 0.91%，处于全国平均水平附近。由于受金融危机影响，使得当地外资撤离严重，对基础设施建设、研发的投入均减少，使得经济发展绩效处于相对较高的水平。

与此前相比，贵阳经济发展绩效有所上升。但笔者认为这也是一种相对较低水平的绩效较优。2012 年，贵阳的研发经费投入仅为 14 亿元，居于最末，固定资产投资为 1600 亿元，也位居各地区的后列，仅高于金华、东莞。尽管贵州被确立为生态省，贵阳也被确立为“全国生态文明的先行区”，但这种发展模式在贵阳经济发展绩效中并未得到太多如大连类似的体现。由于贵阳经济发展水平较低，未来应加快经济发展，实现以生态文明建设带动经济发展的模式。然而，重庆、天津同时出现了经济发展绩效降低的现象，这与两地以大投资、大项目、大建设为特征的经济发展模式密不可分。2007—2012 年，全国固定资产投资总额仅增长了2.65倍，而重庆、天津则分别增长了4.04倍和4.59倍，远高于全国平均水平和其他地区的增速。这种情况下，经济发展绩效水平降低也在所难免。重庆、天津模式也反映出，依靠大项目、大投资所维持的经济发展模式难以长久，未来应加快实现经济发展模式的转型升级。

通过对2012年各模式经济发展绩效的投入产出松弛测度分析发现，各模式的冗余量主要出现在固定资产投资和科研经费投入上。金融危机以后，我国加大了固定资产投资，出台了一系列经济刺激计划与政策，这对经济复苏有一定的帮助，但这种投资的效率却相对较低，未来有必要优化投资结构，实现资金投入产出比的上升。而科研经费支出的冗余反映出相应地区的研发转化能力较弱。鄂尔多斯、东营由于所在地区经济发展水平与技术水平均相对较低，技术转化为生产力的能力较弱。而西安、上海的研发资源投入产出效率较低的原因是两地研发资源规模和投入、产出间的不匹配，上海、西安的科研经费支出分别居各地区的第一位和第三位，但两地均出现研发经费冗余，说明两地过多的研发经费并未有效转化为现实生产力，未来应通过改善研发资源的规模与结构等途径实现研发转化能力的提升。

第二节　区域经济发展模式效率评价

中国经济在持续快速增长的同时，也付出了惨痛的环境代价。在维持经济快速增长的同时，对环境污染的关注刻不容缓。在中国各区域经济发展模式中，也涌现出了一批以环境友好型增长、生态文明等为特征的模式，如崇明模式、贵阳模式、长株潭模式、大连模式等。

一、环境效率的内涵与评价

环境效率也称为生态效率，它最早于1973年被提出。此后，世界可持续发展工商业委员会、经济合作与发展组织等以及相关学者对环境效率的概念进行了界定，并给出相应环境绩效指标用以衡量环境效率。

世界可持续发展工商理事会（World Business Council for Sustainable Development，WBCSD）指出，环境效率指满足社会需求的产品、服务的经济价值与其所对应的环境负荷的比值。简言之，即单位环境负荷上的经济价值。经济合作与发展组织（Organization for Economic Co-operation and Development，OECD）指出，生态效率是可以用来衡量生态资源满足人类需求的效率，数值可以用产品（服务）的经济价值与其产生的环境污染（破坏）之间的比值来衡量。尽管在环境效率内涵的界定上存在些许差异，但大多数都是从经济与环境之间的关系着手，以经济价值与环境影响之间的比值来表征。可见，环境效率的评估在涉及生产过程对环境造成的影响的同时又兼顾其经济价值；如果生产活动能够在增加正向经济总产出的同时减少环境破坏程度，则环境效率越高。

依据环境效率的内涵，环境效率即单位环境负荷的经济价值。为此，可以运用 DEA（数据包络分析）方法对环境效率进行评价。DEA 方法是环境效率评价的确定性非参数方法，以环境负荷最小化或经济效果最大化为原则，根据数学模型计算结果来实现对评价对象的相对效率的有效评价。由于各地通常期望在维持现有产出水平的同时实现最少的废弃物产出，环境效率提高的规模报酬一般是可变的。因此，本书采用假定生产规模报酬改变的 BCC（数据包络分析）模型，即以投入为导向，在维持现有产出水平的情况下实现最小化投入。

二、评价指标与数据来源

依据环境效率的内涵与研究目标，并考虑统计数据的可获取性，本书的投入指标主要选择废弃物排放指标，产出指标为 GDP，这反映了在一定经济产出水平下，环境污染废弃物的排放水平。由于中国各城市能源供应缺乏历年连续的数据，以及统计口径存在不统一等问题。同时，由于固体废弃物一般被储存起来，对环境影响范围有限，且各城市历年的固废排放数据难以获取；废水和废气对环境影响较大，且废水是当前我国环境治理的重点，因此这里采用废水、废气（用 SO_2 表示）排放量两项指标。一般来说，南方废水排放量较大，而北方因为燃煤，SO_2 排放量较大。这在部分学者的研究中也得到了较为广泛的认可。

三、各模式环境绩效分析

在各地区环境绩效分析中，为了有效比较不同地区在同一年度的环境效率表现，我们将各地区视为不同的决策单元（Decision Making Units, DMUs），以此通过数据包络分析（DEA）等方法对各地环境效率进行横向比较。环境绩效值是衡量环境效率高低的重要标尺，环境效率越高，意味着该地区在经济增长的同时对环境的负面影响少，即单位 GDP 对环境的资源消耗和污染排放较低。

从 2003 年至 2012 年的数据来看，深圳一直处于环境效率的领先地位，是环境友好型发展的“最佳实践者”。深圳在经济高速发展的过程中，注重环境保护和可持续发展，始终保持较高的环境效率。以 2012 年为例，深圳的单位 GDP 废水排放强度仅为 0.6 吨 / 万元，远低于全国平均水平的 3.8 吨 / 万元，显示出其在经济发展和环境保护之间实现了较为平衡的关系。此外，深圳的单位 GDP 二氧化硫排放量在 2012 年仅为 0.12 千克 / 万元，同样远低于全国平均的 0.65 千克 / 万元。这些数据表明，深圳不仅在科技和产业发展方面处于前沿，同时也在环境保护上走在全国前列，成为其他地区效仿的对象。

除了深圳，长沙在 2003 年到 2012 年间的环境效率表现也相对较好，尤其是在 2007 年之后表现尤为突出。2007 年，长沙的单位 GDP 废水排放强度下降到 2.5 吨 / 万元，虽然高于深圳，但仍然优于全国平均水平。长沙作为中部地区的经济中心，在快速发展的过程中，逐步意识到环境保护的重要性，采取了一系列环保措施，如加强废水处理设施建设、提高废气排放标准等，这些都使得长沙的环境绩效水平不断提高。到 2012 年，长沙的单位 GDP 废水排放强度进一步降至 2.0 吨 / 万元，二氧化硫排放量也从 2007 年的 0.45 千克 / 万元下降到 2012 年的 0.30 千克 / 万元，显示出良好的环境效率提升效果。值得注意的是，在 2003 年至 2012 年期间，东莞和苏州等地区的环境效率相对较低。以东莞为例，2003 年其单位 GDP 废水排放强度为 5.0 吨 / 万元，而到 2012 年这一指标仅下降到 4.2 吨 / 万元，尽管有所改善，但仍然远高于深圳和长沙等地区。东莞作为珠三角地区的重要制造业基地，经济增长依赖于资源密集型和污染密集型产业，导致其环境效率表现较差。苏州同样面临类似的问题，尽管苏州的经济总量较大，但其单位 GDP 废水排放强度在 2012 年依然高达 4.5 吨 / 万元，显示出环境保护方面存在较大的改善空间。

在此期间，全国各地都在积极推进经济发展与环境保护的协调，但区域间的差异依然明显。通过横向比较可以发现，发达地区如深圳、上海、北京的环境效率水平普遍较高，而中西部地区和部分资源型城市的环境效率则相对较低。例如，重庆作为资源型城市，尽管经济增速较快，但环境效率一直低于全国平均水平。2003 年，重庆的单位 GDP 废水排放强度为 6.5 吨 / 万元，远高于深圳、长沙等城市。到 2012 年，这一指标虽然下降至 5.8 吨 / 万元，但依然处于较高水平，表明资源型产业在环境效率上的劣势。二氧化硫排放方面，重庆的单位 GDP 排放量在 2003 年为 1.2 千克 / 万元，到 2012 年虽然有所下降，但仍为 0.85 千克 / 万元，显示出环境效率提升缓慢。

在 2003 年至 2012 年期间，深圳和长沙等城市通过产业结构调整、技术创新和环保政策实施，显著提升了环境效率，成为全国环境友好型经济发展的标杆。而部分依赖重工业和资源开发的地区，如东莞、重庆和苏州，在环境效率提升方面表现较为滞后。这些地区的环境问题反映了其产业结构的局限性和环境治理能力的不足。为了更好地分析各地区的环境效率水平，可以引入具体的 DEA 模型进行分析。DEA 模型通过对各区域的投入产出关系进行评价，可以有效衡量各地环境效率的高低。投入项包括污染物排放量（如废水、废气和固体废物等），产出项则为各地区的 GDP。通过 DEA 模型分析发现，深圳的环境效率接近 1，表明其环境资源的利用率接近最优。而东莞和重庆的环境效率值在 0.6–0.7 之间，表明其在相同的经济产出水平下，污染物排放量相对较高，存在较大的环境效率提升空间。

从纵向分析来看，2003 年至 2012 年间，全国各地的环境效率总体呈现上升趋势，但区域间的差异依然显著。尤其是经济发展迅速的东部沿海地区，其经济增长伴随着较高的环境保护投入，环境效率提升显著。而中西部地区，由于产业结构偏重、技术水平落后，环境效率提升较为缓慢。特别是资源型城市，如煤炭、钢铁等传统产业主导的区域，环境治理难度大，效率提升有限。为了更好地提高全国各区域的环境效率，需要从以下几个方面入手：首先，必须加快产业结构调整，减少对高污染、高能耗产业的依赖，推动高新技术产业和服务业的发展。其次，政府应加强环境政策的引导，出台更严格的环保标准，并加大对环保设施建设的投入，尤其是在中西部地区。第三，企业应提高技术创新能力，通过技术进步减少污染物排放，提升资源利用效率。最后，社会各界应加强环保意识，推动绿色消费和可持续发展的理念，使环境保护成为全社会的共识。

需要指出的是，这里计算所得的环境效率仅表示相对效率，而非绝对效率。这意味着某一地区的环境效率是相对于其他地区或同一地区的不同年份进行比较得出的，并不代表其环境治理和经济发展的绝对水平。一个典型的例子是鄂尔多斯，作为中国重要的煤炭产区，其经济增长高度依赖资源开采。鄂尔多斯的经济快速增长使其在单位 GDP 的基础上显示出较高的经济效率，但其环境效率相对较低，主要是由于煤炭行业本身的资源密集性和污染排放密集性。鄂尔多斯的经济结构以煤炭开采、煤化工等高能耗、高污染产业为主，尽管这些产业为当地的 GDP 增长作出了巨大贡献，但同时也产生了大量的废水、废气和固体废物，严重影响了当地的环境质量。

从具体数据来看，鄂尔多斯的单位 GDP 废水排放强度远高于全国平均水平。例如，2012 年，鄂尔多斯的单位 GDP 废水排放强度为 8.5 吨 / 万元，几乎是全国平均水平的两倍。与此同时，其单位 GDP 二氧化硫排放量在 2012 年达到 1.8 千克 / 万元，远远超过了深圳等环境效率领先地区的水平。煤炭行业的高能耗和高污染特性，使得鄂尔多斯在环境绩效方面处于劣势，即使其经济效益显著提升，仍未能在环境保护和资源利用效率上取得显著成效。

鄂尔多斯的案例凸显了资源型城市在实现经济增长与环境保护之间的矛盾。资源型城市的产业结构往往高度依赖自然资源的开采和利用，这使得其在短期内实现高经济增长的同时，面临着长期的环境代价。这类地区的环境效率往往较低，因为资源开发本质上是不可持续的，且伴随着大量的污染排放。在这种情况下，尽管某些资源型地区的经济发展速度较快，但其环境治理水平和环保技术的应用相对滞后，导致其在环境效率的排名中处于较为不利的地位。

环境效率的提升是一个长期、渐进的过程，尤其对于资源型城市来说，在实现经济增长的同时大幅提高环境效率面临诸多挑战。这不仅需要依靠技术创新和政策支持，还需要全社会的共同努力。鄂尔多斯等资源型城市可以从其他环境绩效优异的地区（如深圳）借鉴经验，在保持经济活力的同时，逐步推动环保技术的应用、产业结构的优化以及公众环保意识的提升，从而实现环境效率的稳步提高。

第三节　区域经济产业发展的评价原则

区域优势产业是指在特定空间范围内，以区域的主体功能定位为基本立足点，在市场机制和政府引导的共同作用下，从国际国内产业市场角度充分运用区域内所拥有的产业资源，面向国际国内不同层次的市场，化比较优势为竞争优势，在产业价值链中的某个环节或多个环节有着决定性影响的、产业绩效高、产品市场空间广阔的产业或产业集群。根据这一定义，结合区域优势产业的研究背景及研究目的，按照区域优势产业的特征以及产业评价的一般方法，区域优势产业评价必须遵循包括系统性、相对性、市场需求导向、静态分析与动态分析相结合、定量分析与定性分析相结合的五条主要原则。

一、系统性原则

（一）区域优势产业的系统性认识

系统是由美籍奥地利理论生物学家贝塔朗菲创立的一种新的学科方法论，

是20世纪各门学科方法论的结晶。它通过用整体的、非线性的思考方法，把研究对象看成一个整体，并以问题状况为导向，重点考虑系统结构和动态过程，系统的运行具有一定目标，且系统中部件及其结构的变化都可能影响和改变系统的特性。系统思想强调，物质世界是由很多相互联系、相互制约、相互作用的事物和过程所形成的统一整体。

我们知道，整个社会经济系统从组织规模的大小角度依次可以划分为家庭经济系统、企业经济系统、产业经济系统、区域经济系统、国家经济系统和全球经济系统六个层次。这里研究的产业经济系统实质就是一国范畴的产业经济系统中的行政区域产业经济系统。区域经济系统是整个国家产业经济系统中的一个子系统。经济系统运行遵循三大基本原理：一是社会经济活动最经济原理，具体是指社会经济活动的广义代价趋于最小可能值。二是社会福利原理，即区域社会福利水平趋于最大可能值。三是可持续发展原理，即实现经济系统的持续发展水平不降低。

评估系统设计的系统性原则要求我们综合考虑区域产业经济系统和国家经济系统的相关要素，构建起能通过区域产业经济系统推动整体国民经济可持续发展的系统关系。

区域优势产业是一个系统性、综合性极强的概念。所谓区域优势产业的系统性和综合性主要包含两层意思：第一，影响区域优势产业形成和发展的因素很多，区域优势产业由各种条件支撑而成，而不是因某方面的单刀突进或片面发展而成；而且这些因素和条件相互影响、相互制约，只有当它们处于一定的良性互动结构中，保持互补与动态的协调关系时，才能形成一股强大的合力推动优势产业的形成与发展。第二，区域优势产业的系统性源于区域自身的系统性和层次性：低层次区域的优势产业是高层次区域优势产业形成的基础；高层次区域优势产业寓于低层次区域优势产业及其关系当中，由低层次区域优势产业相互耦合而成。此外，相同层次区域优势产业之间也应维持一种合理有效的竞合关系。因此，区域优势产业的评价不仅应考察其是否有利于改善本区域的经济福利，而且应顾及上层区域（在一定程度上乃至其他区域）的整体利益和长远利益。

（二）区域优势产业评价系统性原则

具体而言，区域优势产业的形成与发展以及效应的发挥受各方面条件的制约与相互作用：从成因来看，它既是区域优势条件造就的产物，也是区域内各经济主体积极奋斗的结果；从表现来看，它既应具有相对较高的效率与效益，更应具备较大的规模与相对较强的市场控制能力；就效果而言，它既应增进本区域的总体福利，提高综合效益，也必须具备有效承担上层区域某项功能分工的能力；就状态而言，它既可以是业已表现出强大优势的现实优势产业，也可以是崭露头角或蓄势待发的潜在优势产业。所以，针对区域优势产业的系统性、综合性特点，在选择和评价区域优势产业时我们不能顾此失彼，而应通盘考虑，按照各方面条件与因素的轻重缓急程度统筹安排，遵循系统性原则。总的来说，遵循系统性原则主要要求我们坚持以下三个基本点：

1. 比较优势与竞争优势评价相结合

评判优势产业的出发点有二：比较优势和竞争优势。在现实生活中，区域某一产业的比较优势和竞争优势的组合状态存在以下四种情况：①既具比较优势又具竞争优势。②既无比较优势又无竞争优势。③有比较优势无竞争优势。④有竞争优势无比较优势。组合①中的产业必定是区域的优势产业，组合②中的产业毫无疑问不是区域优势产业。但是区域优势产业不是某产业比较优势与竞争优势的简单组合或堆砌，它是二者的相互融合，对其评价也应将比较优势与竞争优势有机结合起来，并将这一思路贯穿于整个评价过程之中。因此，对于组合③与组合④是否属于区域优势产业需进一步具体分析，其基本思路是区域的经济发展阶段、发展水平是否与一定时期内该产业本身固有的经济技术特征相适应。

对于组合③，即具有比较优势但缺乏竞争优势的产业，由于该产业可能在企业组织、管理、区域运输条件乃至相关的区域经济制度等各方面存在某些问题，因而从当前的现实结果来看不是区域的优势产业。但是如果能采取有效措施化比较优势为竞争优势，则在不久的将来完全有可能成为区域的优势产业，这也正是本书所研究的待扶持的潜在优势产业。对于组合④的评价则更为复杂。若该区域是相对落后的区域，则不管该产业是否属于低端产业，该产业都是应当鼓励发展的区域优势产业，其发展方向是保持乃至增强其优势；若该区域是发达区域，且该产业是低端产业，则其产业优势的形成很有可能是在违背比较优势的前提下以挤占落后区域的发展空间和贻误自身的进一步发展机遇为代价的，这是区域产业发展惰性的一种表现，不能成为区域长期的优势产业。

在现有有关区域优势产业选择评价的文献中，绝大多数提出需要将竞争优势与比较优势相结合的观点，认为具有比较优势的产业不一定是具有较强竞争力的产业，因而主张在发挥比较优势的基础上培育竞争优势，增强区域产业的综合竞争力，扶持优势产业。笔者完全赞成以上观点，即同样认为竞争优势是评价区域优势产业的一个至关重要的准则。但是，笔者认为这些文献大部分只看到了竞争优势的重要性，在一定程度上忽视了比较优势特别是非生产要素决定的动态比较优势的重要性，未能将比较优势的发挥与区域产业结构的动态调整、优化升级与对外转移相结合。在自然资源及生产要素流动性大大加强的今天，即使不具备比较优势的产业也可以在经济发展水平较高、产业创新环境较好的发达地区发展成为具有竞争优势的产业，但同时却在资源流出地产生“产业洼地”效应。虽然从现实的经济运行结果看，布局在发达地区的某些传统产业仍然具有强大的竞争优势，不过若能将这些产业向具有比较优势的落后地区顺利实现梯度转移，则该产业的竞争优势势必会更加明显。然而现实中往往由于未采取有效的措施降低传统产业的退出成本，降低新兴接替产业的发展门槛，导致某些应该退出的产业迟迟不能退出，产业的区际梯度转移无法实现，因而加大了发达地区经济发展的机会成本（本来可以通过传统产业向外转移的方式为新兴接替产业腾出发展空间），也使以资源输出为主的欠发达地区的现代工业无从崛起与壮大，发达地区和欠发达地区的比较优势均无法发挥。所以，即使某个区域的某个产业（特别是发达区域的传统产业）已经具备了竞争优势，也需要结合区域经济发展的具体阶段及区际分工的要求考察其是否违背了比较优势原则，从而增进区域经济总体福利。

2．兼顾局部利益与整体利益

区域的优势产业和产业的优势区域是同一个问题的两个方面。这一简单的论断包含着关于整体与局部关系的深刻道理：从本区域角度看，应有利于优化区域产业结构，提升区域经济发展水平；从上层区域乃至国家角度看，区域优势产业的遴选与错位发展在本质上是一个优化产业空间布局的问题。因此，在评价区域优势产业时，我们必须从整体利益和局部利益两个层面出发，将二者有机结合起来，使优势产业既可增进本区域的经济福利，也能在提高专业化分工水平的过程中有效地承担上层区域和全国对本区域赋予的该项产业分工任务，从而促进整个国民经济的持续、快速、健康发展。此外，当维护局部利益和顾全整体利益目标发生了一定冲突时，某区域对优势产业的扶持与发展不应以损害按照发挥自身优势原则选择优势产业的其他区域正常健康发展的利益为代价，优势产业不能与整体利益的维护和增进方向相背离，实际上这也是比较优势与竞争优势相结合评价准则的延伸与深化。

3．注重综合效益评价

扶持和发展区域优势产业的根本目的在于促进区域经济的快速健康发展，提高人们的生活水平，增进区域经济总体福利，因此区域优势产业的经济效益评价准则不容置疑。但是在人口、资源、环境约束作用日益凸显的背景下，在我国着力转变经济增长方式的总体背景下，对区域优势产业的评价不能仅仅从经济效益的角度考虑，还要关注甚至需要更加关注其社会效益与生态环境效益；不但需要将区域优势产业显性的经济成本与收益纳入评价体系，隐性的社会成本与收益、生态环境成本与收益也绝对不能忽视。也就是说，除良好的经济效益，区域优势产业还应具有较强的就业吸纳能力，应有助于缩小区域差距与贫富差距，促进区域经济协调发展，有利于提升区域发展的总体水平。区域优势产业的发展不能以浪费自然资源、破坏生态环境为代价（如为低价出口一次性筷子毁坏大片宝贵的森林），也不能不顾该区域的特定的社会问题而一味强调经济效益（如不发达的人口大省不顾就业和社会分配问题片面发展资本密集型产业和技术密集型产业）。因此，对优势产业的评价应避免单一的经济效益准则，而应以经济效益为主，兼顾社会效益和生态效益，将该产业的社会效益、生态效益与经济效益结合起来进行综合效益评价。

二、相对性原则

区域优势产业是指在一定的时空范围内能够占据有利的控制性地位并承担一定的功能分工的产业，它于区内和区际的横向对比中产生，是一个具有空间层次性和时间动态性的相对概念。由于区情差异，不同区域（或者不同时期）的同一优势产业不会固守同一发展模式，而是表现出明显的灵活性和相对性，因此相对性原则是评价区域优势产业的一条重要原则，主要包含以下两个基本点：

（一）区内比较与区外比较相结合

优势是一个相对概念，因此优势产业也是一个相对概念。在评价优势产业时，必须根据一定的目标选择可供比较的参照系以判别某一产业的强弱、优劣属性及其程度。就区域优势产业的评价而言，该参照系应能将区内比较与区外比较的范围予以涵盖，即不仅要甄别某产业在本区域范围内是否具有效率、规模、效益等方面的优势，更要通过与区外产业相比较以判断该产业是否占据，或在将来一定时间内能否占据有利的控制性竞争地位。有关资料显示，目前多数区域产业评价模型局限于“眼光向内”的总体思路，即仅仅在本区域范围内就各产业进行权衡取舍，其结果通常是狭窄的比选视野导致形形色色的“区域产业选择雷同”问题的产生——各区域纷纷将产业结构较优越的产业作为自己的重点扶持产业，殊不知只有将区内比较与区外比较相结合才能全面地审视区域产业发展的有关情况，进而准确定位区域优势产业之所在。因此，不论从理论还是实践方面来看，优势产业的比选都必须从区内和区外两个方面进行，区内比较与区外比较相结合的原则是判定区域优势产业的首要原则。在研究过程当中，我们试图采用构建部分相对指标（包括与区内相比的相对指标和与区外相比的相对指标）而不是纯粹采用绝对指标的方法来落实这一基本原则。当然必须指出的是，由于受数据搜集条件限制，在进行区外比较时，我们不可能对本区域与其他各个区域就待分析产业的表现一一作出比较，而是采用本区域某产业与上层区域（或全国）该产业的总体运行情况相比较的方法近似地代替区外比较。

（二）坚持差别性

在一定时期内，非均衡发展是区域经济发展过程当中必然遵循的普遍规律。既然各区域经济发展状况千差万别，其优势产业也理应有所不同，甚至优势产业的评判标准在一定程度上也应有所调整（就定量评价而言，可以适当调整指标本身，也可以在同一指标赋权的重要性程度方面适当斟酌，当然二者的幅度都不能过大，以免失去横向比较的基础），因此在评价区域优势产业时必须坚持差别性准则。差别性准则可以从两个方面理解：一方面，从评价基础层面看，它是比较优势的必然延伸，一个区域的区位条件、资源禀赋、社会经济发展水平、所属上层区域的区际分工和竞合关系状况等，对其都会产生一定的制约作用，各区域唯有根据区情，发挥优势，才能培育壮大优势产业，从而在区域经济竞争中立于不败之地。另一方面，从评价目标层面看，任何区域在发展过程当中都有可能面临特定的主要社会经济问题，如有些经济发达的地区相对而言环境污染问题较为突出，而像西部这样的不发达地区则有可能面临经济发展落后和生态破坏严重的双重尴尬局面。因此，在评价各个区域的优势产业时，衡量的标准不是整齐划一的，而是应有针对性地将是否有助于解决该区域所面临的主要区域问题的偏斜性标准纳入该标准之中，不同的区域根据其特殊的区情，优势产业的个别指标应有差别地进行综合考量。

三、市场需求导向原则

必须注重市场优先。随着区域经济一体化与世界经济全球化的深入发展，尤其是加入世界贸易组织之后，我国经济体制逐渐由计划经济向市场经济转变，市场因素成为影响区域经济发展的重要因素之一。区域经济的发展不再局限于依靠区域范围内部的有限市场，区域外部的更广阔的市场变得越来越重要。在市场经济条件下，一个区域发展什么产业不能光看当地的资源禀赋和产业基础如何，而应当在全面认识区情的基础上，以市场需求为导向，发挥自身优势，生产适销对路的产品，延伸产业链条，发展市场所需要的产业，这是任何产业在发展过程中都必须遵循的一般原则，优势产业也不例外，否则就会脱离市场需求，失去供给优势，资源、能源浪费问题也会越严重。

四、静态分析与动态分析相结合原则

优势产业是在一定时间和空间范围内能够保持甚至巩固其优势地位的产业。某些产业在现阶段运行良好，竞争力较强，但若随着宏观经济条件、市场需求状况、资源和生产要素供给能力及微观层次的企业管理水平等方面的变化，其持续发展能力可能会日渐式微甚至优势丧失殆尽，则不能称其为真正意义上的优势产业。优势产业应具有持续发展壮大的能力和强劲的发展势头，它们不仅能在现阶段脱颖而出，在将来一定时间段内也应继续出类拔萃。从优势产业的这一特征出发，笔者认为应将某产业的发展现状与发展潜力分析结合起来，系统评价该产业是否属于该区域的优势产业。

五、定量分析与定性分析相结合原则

与主导产业、支柱产业的选择相似，优势产业的界定与评价也应该以定量分析为主。但是优势产业的某些重要特征可能无法量化成为具体的指标（特别是与比较优势有关的某些“潜在”属性指标目前难以设计，该属性的优势程度更是无法量化和细化）。因此，为深入研究优势产业的有关问题，我们在评价优势产业时必须坚持定量分析与定性分析相结合的原则，使两种分析方法相得益彰，互为补充，以得到更加全面、科学的结论。

区域优势产业的评价原则有很多，以上五条原则只是区域优势产业评价的主要原则（如计算指标相关数据的可获得性原则等评价的普遍原则，因过于一般化而未予以单独列出），其中系统性原则和相对性原则是区域优势产业区别于其他产业评价的特殊原则，也是区域优势产业评价最重要、最根本的原则；市场需求导向原则是所有产业评价的一般原则；动静分析结合原则和定量定性分析结合原则是评价区域优势产业的方法论原则，受特殊原则和一般原则的共同制约。

第四节　区域经济产业发展的评价指标

一、区域工业优势产业的评价标准

根据第一节叙述的评价的基本原则，结合前面阐述的区域优势产业的内涵，按照产业发展的时间顺序和逻辑顺序，笔者认为可以从区域产业的发展条件、运行现状、发展潜力三个方面设定区域优势产业的三条主要评价标准。

（一）发展条件标准

区域优势产业的发展离不开一定的优势条件作为发展基础，良好的产业发展条件是成就区域优势产业的助推器，因此产业发展条件是衡量和评价区域优势产业的一条基本标准，这一标准涵盖自然资源条件、劳动力成本条件、制度条件、企业集聚条件等四个标准。

1．自然资源条件

在科学技术不断进步的条件下，虽然自然资源的区际流动性以及可替代性大大增强，但是自然资源仍然构成产业发展的重要基础。一般而言，自然资源禀赋状况越理想，产业发展条件越优越。区域某产业的发展若与该区域的自然资源禀赋结构完全相适应，则能表现出得天独厚的发展优势并极有可能成为区域优势产业。不过由于统计技术上的某些原因，与各产业发展直接相关的自然资源条件难以量化成为基础性数据。

2．劳动力成本条件

任何产业的发展或多或少都需要一定的劳动力，特别是在某些技术业已成熟，生产过程接近标准化阶段的产业，劳动力因素已成为制约产业发展的关键性因素之一，劳动力成本的高低对于该产业发展的优劣起着举足轻重的作用。

3．制度条件

区域经济制度若特别有利于某产业的发展，则该产业就拥有较之区内其他产业更为宽松与友好的发展环境，即该产业将获得优越的制度条件，激励和推动其不断发展壮大，甚至最终成为区域优势产业。

4．企业集聚条件

在现代区域经济发展过程当中，某产业发展壮大的一个重要原因在于该产业内企业集聚成群，相互配套，并在竞争与合作有机交织的过程当中迸发出强大的竞争优势，因此企业集聚条件也成为区域优势产业发展的有利条件之一。在一定的空间范围内，某产业企业数量越多，企业平均规模越大，则该区域这一产业的优势越明显。区域科学把产业集聚看作一种产业分布的空间形态。按照区位理论，资源的流动性和可交易性程度的提高使得地点的重要性下降，现实产业的空间分布却并不尽然。地点的重要性，或者说特定产业对于特定区域的依赖性，在现代社会显得越发突出。

（二）运行效果标准

某产业之所以成为区域优势产业，从根本原因来看是因为该产业能够正确地利用其发展条件，有效地整合其发展资源，取得了骄人的经济运行成绩，从而较之区内其他产业和区外同一产业表现出明显的优势并占据有利的控制性竞争地位。由此，产业的运行效果理所当然地成为评价区域优势产业的一条至关重要的标准。结合前述区域优势产业的内涵及特征，笔者认为产业的运行效果标准主要由效率基准、效益基准、规模基准、产品实现能力基准等四个标准组成。

1．效率基准

从竞争的角度看，发展区域优势产业有利于各区域之间有序竞争，避免区域产业同构和低水平重复建设，减少资源浪费；从功能分工的角度看，发展区域优势产业能优化上层区域乃至国家的产业布局，使各产业处在最适合发展的区域，从而增进包括本区域与其他区域在内的国家总体经济福利。评判优势产业运行效果的首要基准就是效率基准，因为只有高效率才能避免同构承担区域功能分工，从而促进区域经济协调发展；只有高效率才能提高上层区域的总体经济福利水平，这也是我们选择和扶持区域优势产业的初衷。

2．效益基准

对于上层区域而言，效率是评判区域优势产业运行效果的一个极其重要的基准；而对于区域自身而言，除了效率基准，区域优势产业还应该能为它带来可观的经济利益，即效益基准，否则特别是对于落后地区而言，很有可能重新陷入我国以往东部地区专门从事深加工、中西部地区分工于资源和原材料产业的传统模式。在“产品高价、原料低价、资源无价”的扭曲价值链条下，中西部地区获得了效率却丧失了效益，进而发展经济的积极性或多或少受到了挫伤。因此，区域优势产业应该能将其绝大部分经济利益收归于区内，这既是区域优势产业之所以成为优势产业的前提，也是其不断实现自我激励加速发展的原动力。

当然，必须强调的是，根据前述综合效益评价准则，这里的效益不局限于经济效益，还应兼顾社会效益和生态环境效益，包括区域优势产业在吸纳就业方面的能力，“三废”的排放及资源、能源的消耗等方面是否具有较好的表现（详见“产业可持续发展能力标准”部分）等。

3．规模基准

区域优势产业能够在同类产业中发挥重要作用，而要发挥这一重要作用的一个必要条件就是区域内该产业必须达到一定的经济规模，从而能对全国范围内该产业产品价格、产品总产出量、产品的主要规格品种和技术标准等方面产生举足轻重的影响；同时在面临某些突发性的特殊情况（如受宏观经济影响，市场逐渐疲软）时，能够表现出较强的稳定性并作出积极有效的反应。此外，规模经济效应显著的产业，规模的大小直接决定产品成本的高低，进而影响产业竞争力的强弱，在这种情况下规模的优势就构成了产业的优势。因此，规模基准是评判区域优势产业运行效果（特别是其产业影响力）的一个重要基准。

4．产品实现能力基准

区域优势产业是在发挥比较优势的基础上已表现出竞争优势的产业，是比较优势和竞争优势的结合体，其着眼点在于化比较优势为竞争优势，即竞争优势的培育与形成，而产业竞争优势的大小又最终体现为产业竞争力的强弱，即产品实现能力（或者在一定程度上可以说是产品销售能力）的高低。产品实现能力的高低表现为该产业是否具有较强的产品销售能力，或者在产业链条上的某个环节是否具有强大的排他性的竞争能力，在市场竞争中能否占据有利地位甚至控制性地位，从而能够直接体现某产业是否具有优势及优势程度大小。产品实现能力与前述效率、效益、规模等因素密切相关，但它并不是这些因素的简单的线性加总，而是众多影响因素相互作用、相互制约的综合结果。因此，产品实现能力基准是评价优势产业的一个关键的综合性基准。

总之，高效率是区域优势产业发挥区域比较优势、有力承担功能分工的前提条件，高效益是保证产业高绩效、保持该产业迅速发展的必要激励条件，一定的规模是优势产业发挥重要影响的门槛条件，强大的产品实现能力是区域优势产业取得有利竞争地位的保障。对区域优势产业运行效果的综合评价必须从效率、效益、规模与产品实现能力四个基准出发，通盘考虑，进行权衡取舍。

（三）可持续发展能力标准

拥有优越的发展条件和良好的运行效果是成为区域优势产业的必要条件，同时在面向未来进行综合评价时，区域优势产业还应具有强大的可持续发展能力，这既是区域优势产业自身动态性特征的必然要求，也是社会经济发展总体规律的客观要求。区域优势产业不但需要在现阶段占据有利地位，而且在未来一定时期内也应表现出强劲的发展势头。如前所述，区域优势产业不仅需要有良好的经济效益，还须保持较高的社会效益与生态环境效益。所以，包括发展潜力基准和综合效益基准在内的可持续发展能力标准也是区域优势产业评价的一条重要标准。

1．发展潜力基准

除了现阶段表现出明显的比较优势或者竞争优势，优势产业在未来一定时间段内也应具备持续的快速发展能力，故而区域优势产业可持续发展能力的评价必须构建与之相对应的发展潜力基准。发展潜力基准包括两个相互关联的方面：需求约束与供给约束。前者要求该产业需求性状良好，即需求收入弹性较高，产业发展前景广阔；后者则要求区域内该产业具有持续的投资和创新能力，以便在将来日趋激烈的竞争中保持自身优势。因为尽管某产业在未来一段时间内可能具有强劲的需求，但它毕竟只是该产业本身的、一般的经济技术特征，而不是区域产业的特征，所以该产业要成为某区域的优势产业，势必要求该区域在这一产业的供给能力上可以迅速及时而高效有力地跟进，以取得或者维持其控制性的有利地位。

2．综合效益基准

区域优势产业只是区域产业的一个组成部分，因此我们不可能将区域可持续发展与之完全等同起来。但由于区域优势产业在区内起着举足轻重的作用，对区外也有不容忽视的影响，所以区域优势产业对于本区域乃至全国范围内资源的高效利用、社会的和谐进步和环境的永续发展都负有不可推卸的责任。由此可见，考察区域优势产业的可持续发展能力必须以综合效益作为评价基准。基于区域优势产业在本质上隶属于经济范畴的考虑，在综合效益评价基准当中，应以经济效益评价为主，兼顾其社会效益与生态环境效益。除了经济效益评价，综合效益评价基准也将涉及区域优势产业对区域就业、资源利用效率、生态环境效益等方面影响的综合评价。

二、区域工业优势产业的评价指标体系

将区域优势产业的评价指标相应地分为三大类，即发展条件类指标、运行效果类指标、可持续发展能力类指标，并在此基础上依据其具体基准最终构建区域工业优势产业评价指标体系。

（一）发展条件类指标

从劳动力成本条件、制度条件、企业集聚条件三个基准层面考虑，关于发展条件类指标我们主要设计了以下几个评价指标：

1．劳动力成本比较优势系数

这个指标表示区域某产业与区内其他产业，以及区外同一产业相比在劳动力成本上表现出的比较优势，它由区域该产业平均工资水平和区域各产业平均工资水平之比与全国该产业平均工资水平和全国各产业平均工资水平之比相除而得。

2．企业集聚优势系数

在其他方面差异不大的条件下，区域某产业现有的企业数量越多，则表明该产业越具吸引力，集聚条件越好。企业集聚优势系数反映了某产业企业集聚优势的强弱，它由区域某产业企业数量比与全国该产业企业数量比相除而得。

3．企业平均规模优势系数

企业集聚优势系数只是反映了企业集聚的数量信息，而未反映企业集聚的“质量”，即单个企业规模方面的信息，企业平均规模优势系数可以弥补以上缺陷，它表示区域某产业企业平均规模与全国该产业企业平均规模之比。

（二）运行效果类指标

根据区域优势产业效率、效益、规模、产品实现能力等基准，关于区域优势产业的运行效果类指标主要包括以下几种：

1．效率基准指标

劳动生产率优势系数。根据有关劳动生产率与比较优势关系以及比较优势的评判研究文献，笔者采用劳动生产率优势指标来衡量区域某产业的比较优势

和效率。该指标表示区域某产业以价值量方法表征的劳动生产率与该区域所有产业劳动生产率的平均水平的相对值与全国相应值之比，既可以在一定程度上揭示该产业劳动生产率在区内是否具有比较优势，也可表明与全国其他区域相比其相对劳动生产率是否更高。

2．效益基准指标

（1）总资产贡献率。这个指标反映了区域某产业企业全部资产的获利能力，是企业管理水平和经营业绩的集中体现，是评价和考核企业及产业盈利能力的核心指标。

（2）产品销售率。产品销售率反映某产业产品已实现销售的程度，能分析某产业产销衔接情况、销售能力及销售优势，并研究该产业产品满足社会需求的指标。

（3）相对投资效果系数。相对投资效果系数表示区域某产业投资效果与全国该产业投资效果相比较是否具有优势。

（4）利税增长率。区域优势产业一般是发展较快、效益较高的产业，其经济效益呈逐步提升的态势。利税增长率是反映产业经济效益动态变化的一个观测指标，它表示从基期到报告期内某产业的利税年均增长率。

3．规模基准指标

区域优势产业的规模标准既要考虑绝对规模优势，也须衡量相对规模优势；既要求该产业在区域内具有一定的规模优势，也要求它在全国占据一定的比重。笔者主要使用专业化系数（显性比较优势系数）这一指标来表征区域优势产业的规模，它是区域某产业总产值占区域所有产业总产值比重与全国该产业总产值占全国所有产业总产值比重之比。

4．产品实现能力基准指标

（1）市场占有率。市场占有率表示区域某产业销售收入占全国该产业销售收入之比，该指标处于 0 到 1 之间，市场占有率越大，则说明区域该产业的市场竞争能力越强。

（2）显性输出比较优势系数。市场占有率和市场份额优势指数反映了区域某产业在全国范围内市场销售能力的强弱状况，但作为区域优势产业，除了具备强大的销售能力，其竞争力更集中体现在产品的对外（包括区外和国外）输出能力上。为此，我们构建显性输出比较优势系数来表征区域某产业的相对输出优势，它表示区域某产业产品输出量占区域总输出量的比重，与全国范围内各区域该产业产品输出总量占各区域输出总量比重的比值。

（3）技术创新竞争力指标。现代产业的竞争不仅直接体现在产品销售能力上，而且更是体现在产业技术创新上，故而在选择区域优势产业时必须构建相应的技术创新评价指标。为此笔者借用设备新度显性比较优势系数来近似代替产业技术创新竞争力指标。设备新度指标高意味着单项设备普遍较新或全部设备中新设备比重较大，而新设备一般来说技术水平高，因此，设备新度系数高就意味着产业技术进步水平高。

（三）可持续发展能力类指标

区域优势产业评价可持续发展能力类指标，按照发展潜力基准和综合效益基准主要可以构建以下具体指标：

1．综合效益基准指标

综合效益基准指标具体又可分为社会效益类指标和生态环境效益类指标。

（1）社会效益类指标。对于地处西南的云南省而言，其优势产业应能承担一定的特殊的社会功能，即具有相对较强的就业吸纳能力。就业吸纳弹性系数是反映某产业吸纳就业能力的相对量指标，它表示区域某产业增加值变动引起的就业量变动的百分比。

（2）生态环境效益类指标。生态环境效益应当从资源能源消耗情况和生态环境影响两个角度综合评价，为此，我们相应地设计了三个主要的生态环境效益评价指标。①万元增加值综合能耗系数。经济效益只能反映产业发展的货币成本，并不能完全反映该产业的实际成本耗费状况。万元增加值综合能耗即某产业能源消耗合计量（单位：吨标准煤）与该产业增加值（单位：万元）的比值，它直接表征产业发展对能源的综合耗费情况。②单位增加值废水排放量。如前所述，除经济效益和社会效益外，优势产业的选择还必须构建生态效益评价指标。然而生态效益的衡量本身即是一个综合的评价过程，其原始数据在性质、量纲等方面无法直接统一，故如果对产业的生态效益进行全面的综合评价将极其复杂，且统计数据的搜寻成本会大大升高，所以笔者尽量采取极具代表性的指标对其进行简化。由于四川省地处长江上游地区，是全国重要的生态屏障之一，其水质的优劣对于全国而言具有极为显著的影响，因此我们采用产业单位增加值废水排放量作为生态效益评价的近似测度指标。③单位增加值废气排放量。单位增加值废气排放量指标类似于单位增加值废水排放量指标。

2．发展潜力基准指标

发展潜力类指标可从需求和供给角度分别考察。从需求角度看，一个产业是否具有远大的发展前途就是观察其是否具有较高的需求收入弹性，即随着国民收入的增长及人们收入水平的提高，该产业需求增长的幅度是否也较高。理论上其计算公式为某产业产品需求变动百分比与居民收入变动百分比的比值，但是由于某产业产品需求无法直接测算，所以需求收入弹性的计算公式在实际应用时需要作出一定的调整。

从供给角度看，则可从区域资源禀赋状况、持续投资及创新能力等方面判断区域内某产业是否具备发展潜力和持续发展能力。为此，笔者构建了以下指标：

（1）增加值增长率。多年平均增加值增长率反映了区域某产业近年的大致发展趋势。增加值增长率越高，说明区域该产业发展潜力越大。

（2）科技活动人员占比系数。优势产业的发展需要以强大的人才队伍作为支撑条件，产业人力资源结构是衡量区域优势产业发展的重要指标，但是为消除不同产业自身经济技术特征的影响（如劳动力密集型产业对科技活动人员的需求显然要普遍弱于技术密集型产业），我们构建的科技活动人员占比系数主要采用相对值指标，即科技活动人员占比系数。

（3）科技投入占销售收入比例。该指标从科技资金投入角度考察区域某产业的发展潜力，它以某产业科技活动经费支出占该产业销售收入比例表示。

（4）新产品销售率。该指标从科技活动综合产出能力角度考察某产业的发展潜力，它是新产品销售收入与该产业销售收入总额之比。

参 考 文 献

［1］杨淦乔．绿色金融发展对区域经济韧性的影响研究［D］．昆明：云南财经大学，2023．

［2］程子龙．我国不同区域居民消费倾向的差异研究[D]．兰州：兰州财经大学，2023．

［3］谢地，齐向炜．实施区域重大战略构建经济高质量发展新的空间格局［J］．政治经济学评论，2023，14（3）：3-21．

［4］徐瑾，钱明明．长三角人口结构转变与区域经济协调发展：演化特征与影响机制［J］．常州大学学报（社会科学版），2023，24（3）：63-71．

［5］王瑶．RD 投入对区域经济高质量发展的影响研究［D］．昆明：云南财经大学，2023．

［6］曹科学．基于产教融合视角的从化区域经济发展路径研究［J］．海峡科技与产业，2023，36（5）：21-23．

［7］孙艺溪．数字金融、要素错配与区域经济发展［D］．济南：山东大学，2023．

［8］周恒，杨永春．兰西城市群“双核分离”结构探讨：区域经济一体化背景下民营企业的投资网络［J］．地理科学进展，2023，42（5）：852-866．

［9］王敏，车丽萍．创新型创业对区域经济发展的异质性作用分析［J］．技术与创新管理，2023，44（3）：300-314．

［10］许博依．探讨区域公共管理与区域经济合作［J］．老字号品牌营销，2023（10）：70-72．

［11］王娟娟，李玲，宋雪倩．数字经济对我国区域发展格局的影响［J］．西北民族大学学报（哲学社会科学版），2023，（03）：102-115.

［12］杨国珍，李新刚．京津冀区域经济高质量发展水平测度研究［J］．中国市场，2023（14）：1-4.

［13］张世豪，代晴，宋建军，等．在推动区域经济协调发展、建设现代化产业体系中发挥更大作用［N］．河北经济日报，2023-05-16（002）.

［14］郑旭东．吉林省数字经济与区域经济协调发展研究［J］．北方经贸，2023（05）：1-4.

［15］张智鹏，宁春姿．区域经济高质量发展视角下产业结构升级效率研究［J］．商展经济，2023（09）：13-16.

［16］易清娜．数字金融对经济高质量发展的影响研究［J］．中小企业管理与科技，2023（09）：176-178.

［17］庄琳．区域经济会计人才培养研究［J］．今日财富（中国知识产权），2023（05）：125-127.

［18］杜明军．绿色低碳转型重塑区域发展格局的战略思考［J］．中国国情国力，2023（05）：43-46.

［19］刘丽娟．区域经济发展理论与实践研究［M］．北京：中国原子能出版社，2020.

［20］郭基伟．一带一路背景下区域经济发展创新研究［M］．北京：北京燕山出版社，2022.

［21］谷国锋．区域经济发展的动力系统研究［M］．长春：东北师范大学出版社，2015.

［22］董良泉，童涛．旅游开发与区域经济发展研究［M］．北京：中国商业出版社，2022.

［23］赵慧．区域发展理论与实践［M］．兰州：甘肃人民出版社，2019.

［24］段娟．中国区域经济发展研究［M］．武汉：华中科技大学出版社，2019.

［25］周鹏，赵东方．中国区域经济发展比较研究［M］．北京：中国经济出版社，

2017.

［26］谢地，赵雅楠．问题导向的区域协调发展战略——演化逻辑、创新发展、实践探索［J］．工业技术经济，2023，42（5）：3-9.

［27］于月．数字经济对区域经济差距的影响研究［D］．沈阳：辽宁大学，2023.

［28］崔佳．中国数字经济对经济韧性的影响研究［D］．沈阳：辽宁大学，2023.

［29］李文灿．促进我国区域经济协调发展的税收政策研究［D］．呼和浩特：内蒙古财经大学，2023.

［30］官倩倩．数字化背景下金融监管与区域经济发展［D］．贵阳：贵州财经大学，2023.

［31］谌睿．国民财富视角下我国区域经济发展均衡性初探［J］．商展经济，2023（08）：143-145.

［32］王腾飞．区域经济发展的知识动力及其多区位机制［J］．地理科学进展，202342（4）：782-795.

［33］王学勇．区域经济协同发展的驱动机制探析［J］．现代营销（下旬刊），2020（8）：56-57.

［34］卫根超．电商物流融合发展振兴区域经济发展的策略［J］．营销界，2020（26）：52-53.